우주와 별

외계인의
태양계 보고서

사진출처

나사(NASA)_ **22p** / 보이저 1호 **26, 78p** / 옆에서 본 우리 은하 **26p** / 위에서 내려다본 우리 은하 **41p** / 허블 망원경으로 본 화성 **58p** / 스피처 망원경 **59p** / 갤렉스 우주 망원경, 찬드라 엑스선 망원경 **62p** / 아폴로 15호 **63p** / 매리너 2호 **112p** / 무중력 훈련 **119p** / 국제 우주 정거장의 운동 장치, 화장실, 개인 공간 1, 개인 공간 2, 머리 감는 우주인, 식사 중인 사람들

연합뉴스_ **94p** / 오회분에 그려진 일신과 월신

위키피디아_ **21p** / 혜성(Soerfm) **57p** / 후커 반사 망원경(Andrew Dunn) **59p** / 전파 망원경(Mihaisiscanu) **77p** / 혼천의(Jocelyndurrey)

플리커_ **41p** / 망원 렌즈로 본 화성(Gustaaf Prins), 맨눈으로 본 화성(Sadaf Syed)

외계인의 태양계 보고서 우주와 별

ⓒ 신광복 우지현, 2018

1판 1쇄 발행 2018년 6월 20일 | **1판 5쇄 발행** 2024년 11월 1일

글 신광복 | **그림** 우지현 | **감수** 서울과학교사모임
펴낸이 권준구 | **펴낸곳** (주)지학사
편집장 김지영 | **편집** 박보영 이지연 | **디자인** 이혜리
마케팅 송성만 손정빈 윤술옥 | **제작** 김현정 이진형 강석준 오지형
등록 2010년 1월 29일(제313-2010-24호) | **주소** 서울시 마포구 신촌로6길 5
전화 02.330.5263 | **팩스** 02.3141.4488 | **이메일** arbolbooks@jihak.co.kr
ISBN 979-11-6204-030-0 74400
ISBN 979-11-85786-82-7 74400(세트)
잘못된 책은 구입하신 곳에서 바꿔 드립니다.

제조국 대한민국   **사용연령** 8세 이상
KC마크는 이 제품이 공통안전기준에 적합하였음을 의미합니다.

 아르볼은 '나무'를 뜻하는 스페인어. 어린이들의 마음에 담긴 씨앗을 알찬 열매로 맺게 하는 나무가 되겠습니다.

홈페이지 www.jihak.co.kr/arbol | **포스트** post.naver.com/arbolbooks

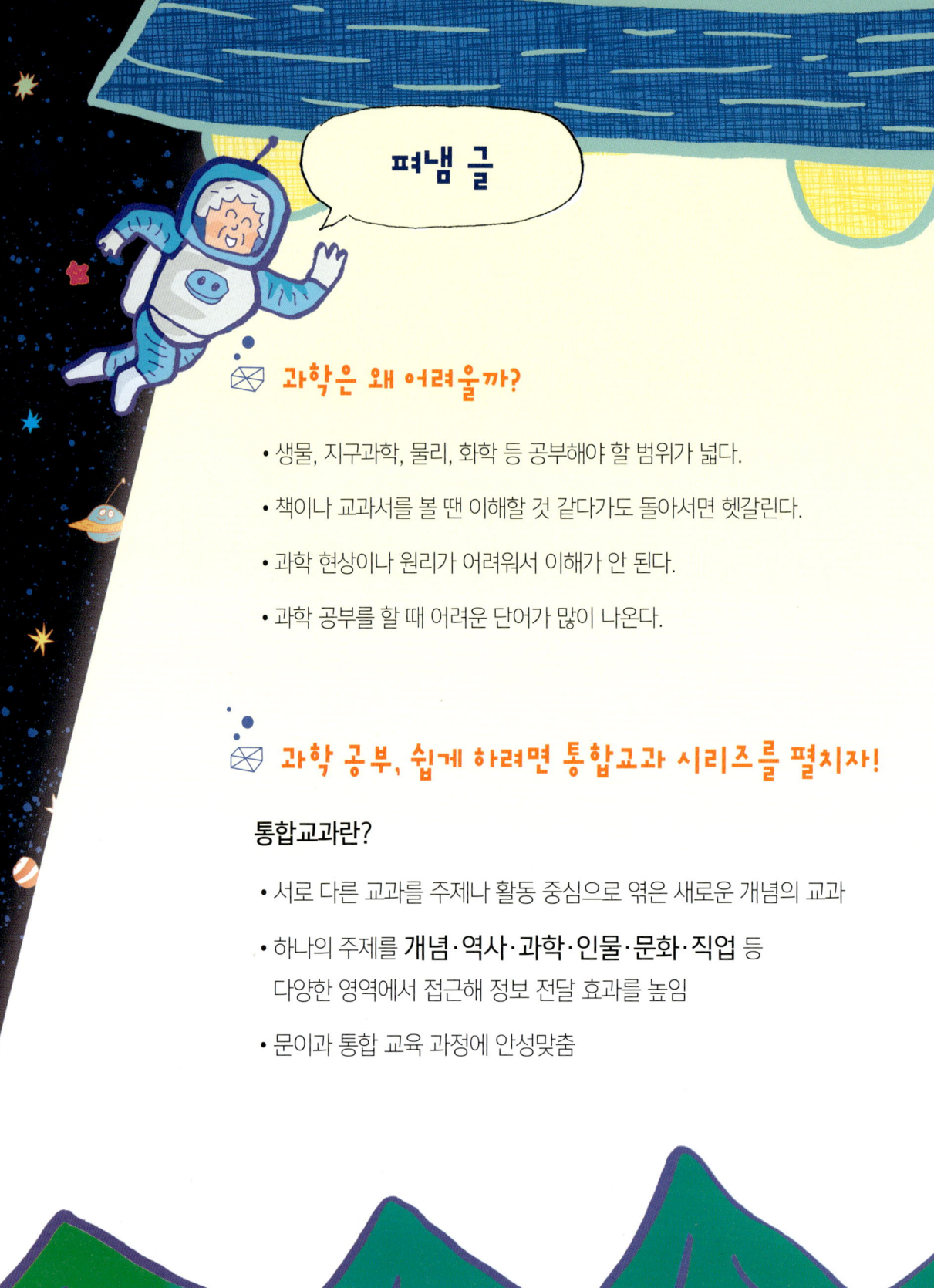

펴냄 글

✉ **과학은 왜 어려울까?**

- 생물, 지구과학, 물리, 화학 등 공부해야 할 범위가 넓다.
- 책이나 교과서를 볼 땐 이해할 것 같다가도 돌아서면 헷갈린다.
- 과학 현상이나 원리가 어려워서 이해가 안 된다.
- 과학 공부를 할 때 어려운 단어가 많이 나온다.

✉ **과학 공부, 쉽게 하려면 통합교과 시리즈를 펼치자!**

통합교과란?

- 서로 다른 교과를 주제나 활동 중심으로 엮은 새로운 개념의 교과
- 하나의 주제를 **개념·역사·과학·인물·문화·직업** 등 다양한 영역에서 접근해 정보 전달 효과를 높임
- 문이과 통합 교육 과정에 안성맞춤

이런 학생들에게 통합교과 시리즈를 추천합니다!

과학 교과를 처음 배우는 초등학교 **3학년**

과학이 지겹고 어렵게 느껴지는 **4학년**

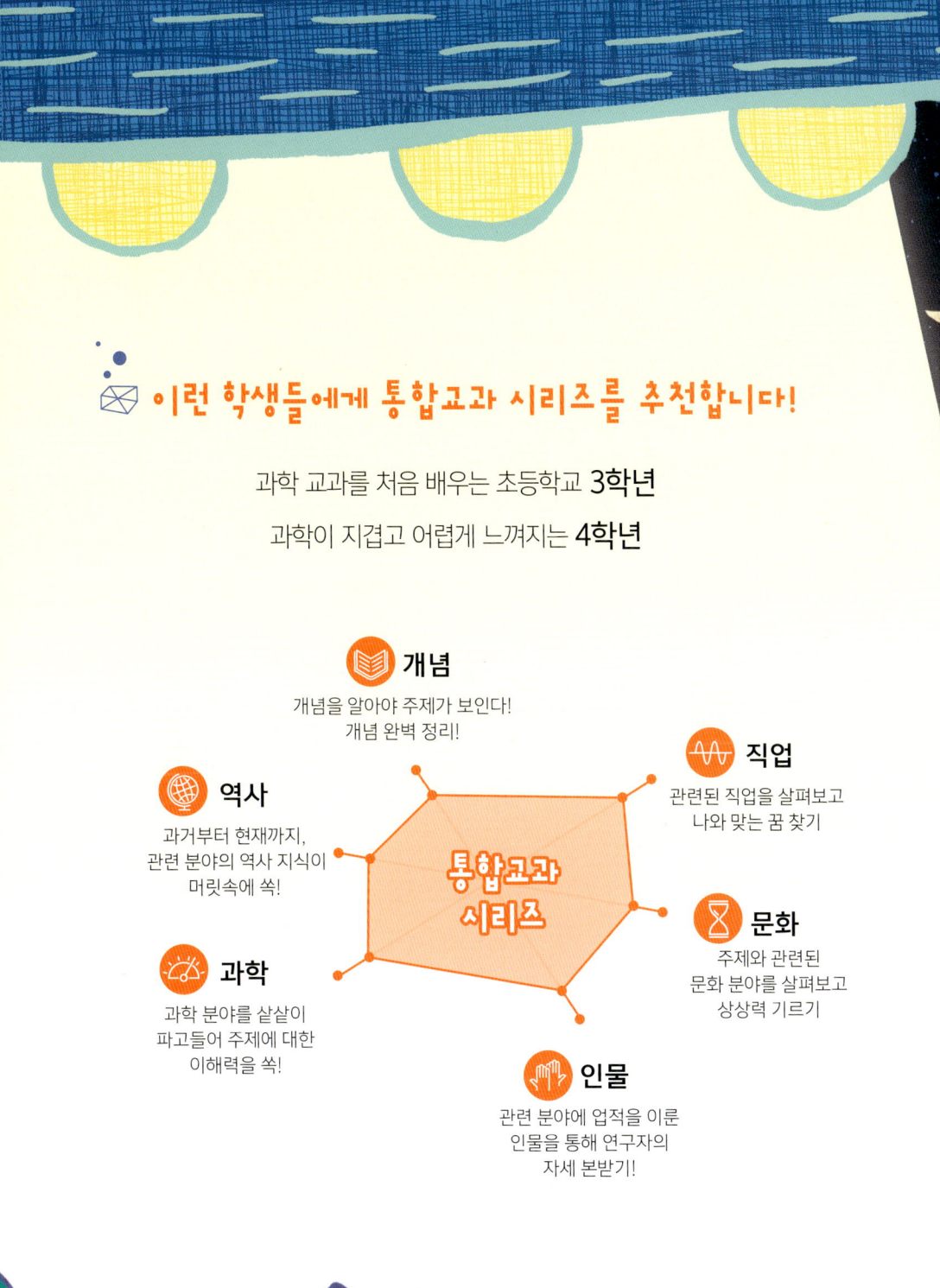

개념
개념을 알아야 주제가 보인다!
개념 완벽 정리!

직업
관련된 직업을 살펴보고
나와 맞는 꿈 찾기

역사
과거부터 현재까지,
관련 분야의 역사 지식이
머릿속에 쏙!

문화
주제와 관련된
문화 분야를 살펴보고
상상력 기르기

과학
과학 분야를 샅샅이
파고들어 주제에 대한
이해력을 쏙!

인물
관련 분야에 업적을 이룬
인물을 통해 연구자의
자세 본받기!

차례

1화
외계인이 나타났다! — 개념 천체와 태양계 10

- 16 우주와 천체
- 21 가끔씩 찾아오는 손님 – 혜성
- 26 한 걸음 더 – 태양계와 우리 은하
- 18 태양계 가족을 소개합니다!
- 22 태양계는 어디까지일까?

2화
과학의 출발점은 천문학이야! — 역사 천문학의 발달 28

- 34 인류의 문명과 함께 시작된 천문학
- 40 행성 관찰과 별자리
- 48 한 걸음 더 – 동서양의 별자리
- 37 달 관찰과 달력의 탄생
- 44 발전하는 천문학

3화
지구 밖이 궁금해! — 과학 우주로 향하는 기술 50

- 56 더 멀리, 더 또렷하게 – 망원경
- 60 우주로 나가는 기술의 시작 – 로켓
- 66 한 걸음 더 – 생활 속에 스며든 우주 과학 기술
- 58 우주에서 활약하는 특수 망원경
- 62 현재의 우주 진출 기술

4화
우주가 궁금해! 인물 우주를 연구한 사람들 68

74 이슬람의 천문학자들 76 우리나라의 천문학자들
78 서양의 천문학자들 80 여성 천문학자들
84 한 걸음 더 – 행성에서 탈락한 명왕성

5화
우주 속에 상상력을 펼쳐 봐! 문화 문화를 살찌운 별별 이야기 86

92 신화가 된 우주 94 그림으로 보는 우주
96 소설로 읽는 우주 98 우주를 생생하게 담은 영화
102 한 걸음 더 – 달에 대한 옛이야기

6화
외계인을 만나러 갈 거야! 직업 우주 관련 직업 104

110 우주인이란? 112 예비 우주인들의 훈련
114 우주 시대의 새로운 학문
118 한 걸음 더 – 국제 우주 정거장에서 생활하기

120 워크북   132 정답 및 해설   134 찾아보기

달이

외계인을 만나는 게 소원인 초등학생.
별똥별이 떨어질 때 소원을 빌었더니
눈앞에 진짜로 외계인이 나타났어요.
심지어 달이 방귀를 볼 수 있다지 뭐예요?
과연 달이는 외계인과 친해질 수 있을까요?

별이

별에 관심이 많은 달이의 동생.
오빠와 함께 할머니 댁에 별을 보러 왔다가
외계인을 만나요. 혹시나 외계인이 사람을
저 먼 우주로 데려가 괴롭히는 건 아닐까
걱정을 해요.

★ **별자리** 하늘의 별을 쉽게 찾기 위해 별을 몇 개씩 연결하여 이름 붙인 것

 ## 우주와 천체

천체는 우주에 있는 모든 물체를 뜻해요. 밤하늘에 빛나는 별, 움직이는 달, 낮에 보이는 태양, 우리가 살고 있는 이 지구도 천체예요. 천체의 종류를 좀 더 자세히 알아볼까요?

하늘 천   물체 체

별 크기 비교

항성(별) 태양처럼 가스를 태워 스스로 빛을 내요. 우주에는 방패자리 UY나 베텔게우스처럼, 태양보다 훨씬 큰 항성들이 많이 발견되고 있답니다.

행성(떠돌이별) 스스로 빛을 내지 않으면서 항성 둘레를 돌아요. 우리가 사는 지구도 태양 주위를 도는 행성이지요. 행성은 태양계 밖에 있는 다른 항성의 둘레에도 있어요. 어떠한 항성에도 속하지 않고 돌아다니는 떠돌이 행성도 있답니다.

왜행성(왜소행성) 행성처럼 항성 둘레를 돌지만, 가까운 곳에 비슷한 크기의 천체가 많아서 하나의 독립된 행성으로 볼 수 없어요. 행성보다 질량과 중력도 훨씬 작아요.

위성 행성이나 왜행성의 주변을 도는 천체예요. 지구 주위를 도는 달도 위성이에요.

소행성 암석으로 된 천체로, 왜행성보다 작아요. 큰 것은 공 모양이지만 작은 것 중에는 돌멩이처럼 불규칙한 모양도 있어요.

혜성 혜성의 중심(핵)은 먼지와 얼어붙은 가스로 되어 있고, 항성에서 먼 곳에 많이 모여 있어요. 혜성의 핵은 원래 시커멓지만, 우연히 항성 근처에 오면 얼음과 먼지가 증발하면서 밝아져요. 그러면서 꼬리가 생겨 혜성이 된답니다.

유성체 우주 공간을 떠도는 작은 물체예요. 모래 알갱이에서부터 바위 정도까지 크기가 다양해요. 대부분 혜성이나 소행성에서 떨어져 나온 것이지요. 유성체가 지구 공기층 안으로 떨어지면 밝은 빛을 내며 불타는 유성(별똥별)이 돼요. 미처 다 못 타고 땅에 떨어진 유성체는 운석이랍니다.

태양계 가족을 소개합니다!

태양계는 태양과 태양을 중심으로 도는 천체를 뜻해요. 크게 태양과 여덟 개의 행성이 자리하고 있지요.

태양계의 유일한 별 - 태양

태양은 다른 항성에 비하면 그리 큰 별은 아니에요. 하지만 태양계 안에서는 가장 크고 무거운 천체이지요.

태양은 대부분 가벼운 수소 가스로 이루어져 있어요. 그런데 왜 가장 무거울까요? 그건 바로 어마어마하게 크기 때문이에요. 태양계 전체 질량의 99.9퍼센트를 차지할 정도랍니다.

양초가 스스로를 태워 밝은 빛을 내는 것처럼, 태양도 수소 가스를 태

내 주변을 도는 여덟 개의 행성을 소개할게!

암석형 행성

수성　금성　지구　화성

태양
- 크기(반지름):
  69만 6,300km

수성
- 행성 중 가장 작고 빠름
- 공전 주기: 약 88일
- 크기(반지름):
  2,440km

금성
- 두꺼운 이산화탄소층에 둘러싸여 있음
- 공전 주기: 약 225일
- 크기(반지름):
  6,052km

지구
- 태양계에서 유일하게 물과 생명체가 있는 행성
- 공전 주기: 약 365일
- 크기(반지름):
  6,371km

화성
- 붉은빛을 띠며 두 개의 위성이 있음
- 공전 주기: 약 687일
- 크기(반지름):
  3,390km

워 빛과 열을 내요. 지구의 생물은 태양에서 오는 빛과 열 덕분에 살 수 있어요. 밤하늘에서 달과 금성, 화성, 목성, 토성이 관찰되는 것도 태양의 빛을 받아 밝게 보이기 때문이에요.

태양계의 행성들

태양계에는 여덟 개의 행성이 있어요. 수성, 금성, 지구, 화성은 단단한 암석으로 이루어진 '암석형(지구형) 행성'이에요. 목성, 토성, 천왕성, 해왕성은 가스로 이루어진 '가스형(목성형) 행성'이지요.

수성, 금성, 화성, 목성, 토성은 맨눈으로도 잘 보이기 때문에 수천 년 전부터 자세히 기록되어 왔어요. 천왕성과 해왕성은 망원경으로만 볼 수 있기 때문에 각각 18세기 후반과 19세기 중반에야 발견되었답니다.

가스형 행성

목성
- 태양계에서 가장 큰 행성으로, 많은 위성이 있음
- 공전 주기 : 약 12년
- 크기(반지름) : 6만 9,911km

토성
- 태양계에서 두 번째로 큰 행성이며, 큰 고리와 많은 위성이 있음
- 공전 주기 : 약 29년
- 크기(반지름) : 5만 8,232km

천왕성
- 청녹색을 띠며, 거의 누워서 돌고 있음
- 공전 주기 : 약 84년
- 크기(반지름) : 2만 5,362km

해왕성
- 태양에서 가장 멀리 떨어진 행성
- 공전 주기 : 약 165년
- 크기(반지름) : 2만 4,622km

태양계 행성의 위성들

수성과 금성을 제외한 행성들은 모두 위성을 가지고 있어요. 공전 궤도★가 확인된 위성은 170개가 넘는데, 그중 대부분이 목성과 토성 주변을 돌고 있지요. 우리가 사는 지구에는 딱 하나의 위성이 있어요. 바로 달이에요.

위성은 계속 발견되고 있어서 앞으로도 수가 더 늘어날 수 있답니다.

태양계의 작은 친구들 - 왜행성과 소행성

태양계에서 태양 둘레를 도는 행성은 8개예요. 행성처럼 태양 둘레를 돌지만, 행성보다 크기가 작은 왜행성은 5개가 있어요. 왜행성보다도 훨씬 작은 소행성은 셀 수 없이 많지요. 소행성 중 공식적으로 이름이 붙여진 것만 해도 35만 개가 넘어요.

화성과 목성 궤도 사이에는 소행성들이 많이 모여 커다란 도넛 모양을 이루고 있어요. 이곳을 '소행성대'라고 해요.

해왕성 바깥쪽에는 왜행성과 소행성, 혜성의 핵들이 모여 있는데, 이곳을 '카이퍼 띠'라고 한답니다.

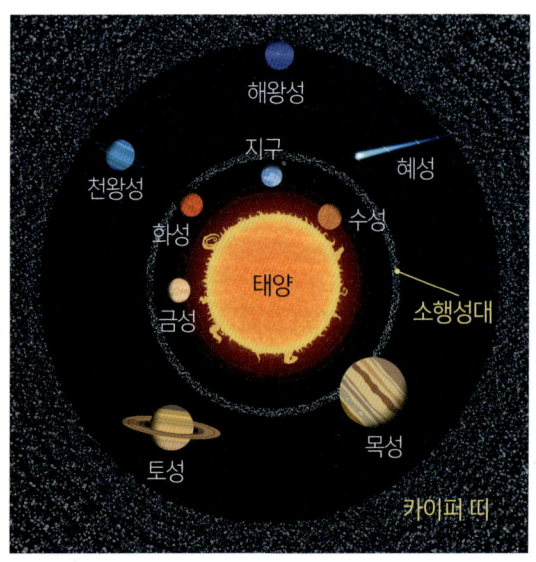

★ **공전 궤도** 자기보다 무거운 천체 주위를 정해진 길을 따라 도는 것을 공전이라 하고, 그 길을 궤도라고 함

가끔씩 찾아오는 손님 – 혜성

태양계 안의 천체들은 대부분 원에 가까운 궤도로 태양 주위를 돌아요. 하지만 혜성은 길쭉한 궤도로 공전하는 것이 많아요.

공전 주기가 200년보다 짧은 혜성을 단주기 혜성, 그보다 긴 혜성을 장주기 혜성이라고 해요. 가장 유명한 핼리 혜성은 76년마다 지구 근처를 찾아오는 단주기 혜성이랍니다.

그런가 하면 몇 천 년 걸리는 혜성도 있고, 단 한 번만 태양 근처에 왔다가 완전히 떠나는 혜성도 있어요. 다른 천체에 부딪친 뒤 사라지는 혜성도 있지요.

혜성을 아름답게 만드는 꼬리는 혜성의 공전 주기가 길수록, 태양에 가까워질수록 길답니다.

윽, 혜성과 충돌해서 지구 크기만 한 상처가 났어!

목성

유성과 유성우

혜성이 지나간 자리에는 찌꺼기(유성체)가 남아요. 그 찌꺼기들은 지구가 혜성의 궤도를 지나갈 때 지구로 떨어지면서 공기와 부딪혀 불타 버립니다. 이를 유성(별똥별)이라고 해요. 평소보다 별똥별이 많이 떨어지는 현상은 유성우(流흐를류 星별성 雨비우)라고 해요.

태양계는 어디까지일까?

태양의 힘이 미치는 곳에 있는 천체들은 모두 태양의 힘에 이끌려 그 둘레를 돌아요. 따라서 태양 둘레를 도는 천체들을 더 이상 찾아볼 수 없는 곳이 태양계의 끝이라고 할 수 있어요.

카이퍼 띠가 태양계의 끝?

우리에게 익숙한 태양계의 천체들은 대부분 카이퍼 띠 안쪽에 있어요.

이름 끝에 '띠'라는 말이 붙어 있지만, 사실 행성들이 차지하는 공간보다 훨씬 넓답니다.

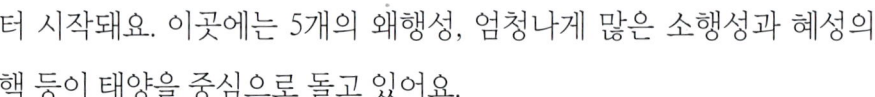

카이퍼 띠는 해왕성 궤도의 바깥부터 시작돼요. 이곳에는 5개의 왜행성, 엄청나게 많은 소행성과 혜성의 핵 등이 태양을 중심으로 돌고 있어요.

카이퍼 띠는 아주 멀리 있어요. 1초에 17킬로미터 이상 날아갈 수 있는 보이저 1호도 20여 년을 날아야 벗어날 수 있었을 정도예요. 그렇지만 여기도 태양계의 끝은 아니랍니다.

보이저 1호 태양계 탐사선으로, 1977년에 발사되었어요. 사람이 만든 것 중 지구에서 가장 멀리 날아간 물체예요.

과학자들이 생각하는 태양계의 끝 - 오르트 구름

우주를 관찰하는 기술이 발달하면서, 과학자들은 카이퍼 띠의 바깥에도 소행성과 혜성의 핵이 있다는 것을 알았어요. 과학자들은 이 공간을 오르트 구름이라 이름 붙였어요.

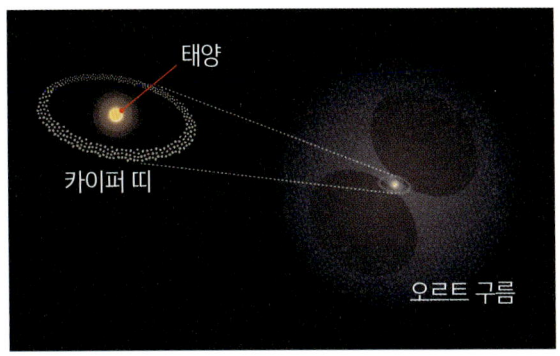

현재까지의 과학 기술로 밝혀진 태양계의 끝은 이 오르트 구름이에요.
카이퍼 띠는 납작한 도넛 모양이지만, 오르트 구름은 둥근 공 모양으로 태양계를 둘러싸고 있답니다.

태양계 너머에는 무엇이 있을까?

오르트 구름을 벗어나면 태양이 미치는 힘이 완전히 사라져요. 그곳은 눈에 띄는 물체도 없고 다른 항성의 힘도 미치지 않는 텅 빈 공간이지요. 이런 공간을 한참 지나가야 비로소 다른 항성을 만날 수 있습니다.

나 보이저 1호는 현재 태양계의 끝을 향해 날아가고 있어. 300년 뒤에는 오르트 구름을 만나게 될 거야.

한눈에 쏙!

천체와 태양계

우주와 천체

- 천체 : 우주에 있는 모든 물체
  항성, 행성, 왜행성, 위성, 소행성, 혜성, 유성체 등이 있음
- 항성(별) : 태양처럼 가스를 태워 스스로 빛을 냄
- 행성(떠돌이별) : 지구처럼 스스로 빛을 내지 않으면서 항성 둘레를 돎
- 왜행성(왜소행성) : 항성 둘레를 돌지만, 가까운 곳에 비슷한 크기의 천체가 많아서 하나의 독립된 행성으로 볼 수 없음
- 위성 : 달처럼, 행성이나 왜행성 주변을 도는 천체
- 소행성 : 암석으로 된 천체로, 왜행성보다 작음
- 혜성 : 얼음과 먼지로 된 천체이며, 항성 근처로 오면 꼬리가 생김
- 유성체 : 우주 공간을 떠도는 작은 물체

태양계 가족

- 태양계 : 태양과 태양을 중심으로 도는 천체
- 태양 : 태양계에서 가장 크고 무거운 천체
  수소 가스를 태워 빛과 열을 냄

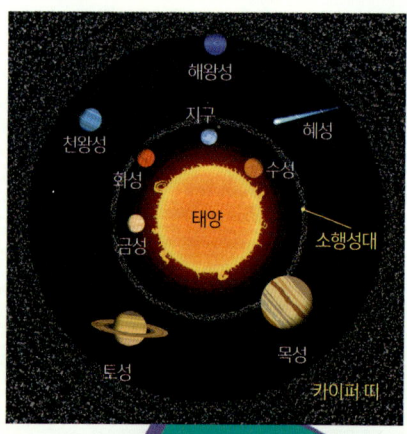

- 태양계에는 8개의 행성이 있음
- 수성, 금성, 지구, 화성 ⋯→ 암석형 행성
  목성, 토성, 천왕성, 해왕성 ⋯→ 가스형 행성
- 태양계 행성의 위성은 170개가 넘으며, 계속 발견되고 있음
- 소행성대 : 화성과 목성 사이에 소행성들이 도넛 모양으로 모여 있는 곳
- 카이퍼 띠 : 해왕성 바깥쪽에 왜행성, 소행성, 혜성의 핵이 모여 있는 곳

혜성

- 대부분 길쭉한 궤도로 공전함
- 공전 주기가 짧은 혜성은 몇 십 년 걸리고, 주기가 긴 것은 몇 천 년 걸림
- 혜성의 꼬리는 공전 주기가 길수록, 태양에 가까워질수록 길어짐
- 유성(별똥별) : 혜성이 지나간 길에 남은 찌꺼기인 유성체가 지구의 공기 층으로 떨어지면서 밝은 빛을 내며 불타는 것

태양계의 끝

- 태양계의 끝 : 태양 둘레를 도는 천체들을 더 이상 찾아볼 수 없는 곳
- 태양계의 천체 대부분이 카이퍼 띠 안에 있음
- 오르트 구름 : 태양계를 둥근 공 모양으로 둘러싸고 있는 공간
  과학자들이 생각하는 태양계의 끝

한 걸음 더!

태양계와 우리 은하

수많은 천체가 모인 집단을 은하라고 해요. 그중 태양계가 속한 은하를 우리 은하라고 해요. 밤하늘의 은하수가 바로 지구에서 바라본 우리 은하의 모습이랍니다.

우리 은하의 끝자락에 위치한 태양계

우리 은하를 옆에서 보면 가운데가 볼록하고 가장자리로 갈수록 납작한 원반처럼 생겼어요. 위에서 보면 소용돌이치는 나선 모양이지요. 우리 은하 안에는 무려 2,000억~4,000억 개나 되는 항성이 있어요. 수십억 개의 항성을 더 만들 수 있을 정도로 많은 먼지와 가스도 있답니다.

우리 은하를 옆에서 본 모습(왼쪽)과 위에서 본 모습(오른쪽)

우리 은하에 있는 항성들은 태양과 비슷할까?

태양계는 가운데에 태양이 있고, 그 둘레를 여러 개의 행성이 돌고 있어요. 하지만 우리 은하에 있는 모든 항성이 태양처럼 다양한 가족을 꾸리고 있진 않아요. 게다가 태양처럼 홀로 있는 항성은 절반 정도예요. 나머지 절반은 다른 항성과 한 쌍을 이루고 있지요. 아주 드물긴 하지만, 3개 또는 4개의 항성이 짝을 짓는 경우도 있답니다.

우리처럼 항성이 둘인 경우도 있어.
우린 서로의 주변을 돌지.
항성 A 항성 B

TIP
태양계 천체들의 거리를 나타내는 단위

천체들의 거리를 이야기할 때 킬로미터(km) 단위를 사용하면 숫자가 너무 커져서 불편해요. 태양에서 목성까지는 약 778,547,200킬로미터, 해왕성까지는 약 4,498,252,900킬로미터나 되거든요. 읽기 힘들지요? 이러한 불편함 때문에 더 큰 단위를 만들었어요.

AU 태양에서 지구까지의 거리를 '1천문단위'라고 정하고 'AU'라는 기호로 나타내요. 태양에서 목성까지는 약 5AU, 해왕성까지는 약 30AU예요. 훨씬 간단하지요?

광년 태양계를 벗어난 공간은 더 큰 단위인 '광년'을 사용해요. 1광년은 빛이 1년 동안 갈 수 있는 거리지요. 태양계의 끝은 약 1광년이 넘는답니다.

1천문단위
너와 나 사이는 1AU

인류의 문명과 함께 시작된 천문학

천문학이란 우주의 천체, 그리고 그 천체들이 만들어 내는 여러 현상에 대한 학문이에요.

하늘 천 글월, 무늬 문

매일 해와 달과 별이 뜨고 지는 것, 별들이 떠 있는 모양, 계절에 따른 별자리의 변화, 달의 변화 등이 모두 천문 현상이지요.

인간은 수만 년 전부터 이러한 현상을 관찰하여 그 결과를 남겼어요. 사람들은 그 자료를 계속 고치고 발전시켜 지금까지 잘 사용하고 있답니다. 그중 가장 오래된 천문학 유산은 달력이에요.

옛날 사람들은 왜 천문 현상을 관찰했을까?

사람은 식물처럼 스스로 영양분을 만들지 못해요. 그래서 늘 먹을 것을 구하러 다녔어요. 또 위험한 동물이나 혹독한 날씨로부터 몸을 지켜야 했어요. 그러려면 밤낮의 길이, 계절의 변화와 같은 자연 현상을 잘 알아야 했지요.

이러한 변화는 해, 달, 지구가 움직여서 나타나는 현상이에요. 이 현상을 잘 살펴보면, 어떤 변화가 언제 일어날지 미리 알고 대비할 수 있답니다.

농사와 계절

사람은 농사를 지으면서부터 한곳에 머물러 살았어요. 이때부터 천문 현상은 더욱 중요해졌어요. 하늘의 변화를 살펴서 계절을 예측해야 했기 때문이지요. 농사를 잘 지으려면 알맞은 때에 씨앗을 심고, 적절한 시기에 거두어야 하니까요.

지구에서 밤하늘을 볼 때, 계절에 따라 보이는 별들이 많이 달라요. 눈에 띄는 밝은 별이나 특징적인 별자리들이 언제 보이고, 언제 안 보이는지를 안다면 어떨까요? 밤하늘을 보는 것만으로도 다음 계절까지 얼마나 남았는지 예측할 수 있지요.

홍수를 예보하는 별자리

계절의 변화가 뚜렷하지 않은 이집트에서도 옛날부터 천문 현상을 꼼꼼하게 관찰했어요. 나일강이 규칙적으로 홍수를 일으켰기 때문이에요. 고대 이집트 사람들은 시리우스★가 해뜨기 직전에 떠오르면 나일강의 홍수가 시작된다는 것을 발견했답니다.

이렇게 하늘의 변화를 살피는 것만으로도 인간의 삶이 매우 편해졌답니다.

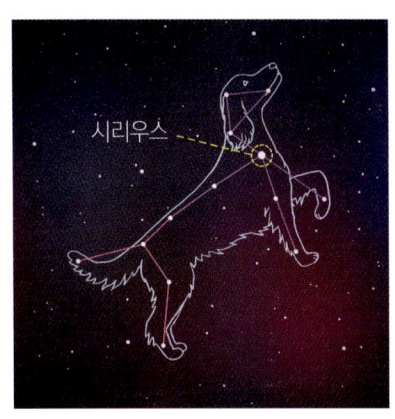

큰개자리 속 시리우스

★ **시리우스** 밤하늘에서 가장 밝게 보이는 별로, 큰개자리에 속해 있음

지구의 회전 운동과 자연의 변화

지구는 자전과 공전이라는 회전 운동을 해요. 이러한 회전 운동 때문에 낮과 밤이 생기고, 계절이 바뀌지요.

자전 낮과 밤이 생기는 이유

자전은 천체가 스스로 회전을 하는 운동이에요. 지구는 매일 스스로 한 바퀴를 돌고 있어요. 매일 아침에 태양이 떴다가 밤에 사라지는 것은 지구의 자전 때문에 생기는 현상이지요. 절대 태양이 지구 주변을 도는 것이 아니라는 점, 잊지 마세요!

공전 계절이 변하는 이유

공전은 하나의 천체가 다른 천체의 둘레를 도는 운동이에요. 지구는 1년 동안 태양의 둘레를 한 바퀴 돌아요. 지구는 약간 기울어진 채로 돌기 때문에, 해가 떠오르는 시각과 움직이는 각도가 매일 조금씩 달라져요. 그 영향 때문에 춥고 더운 계절이 생기고, 계절에 따라 햇빛이 비치는 시간과 양이 다르답니다.

달 관찰과 달력의 탄생

전기도 없고, 등불도 없었던 원시 시대 사람들은 깜깜한 밤에 어떻게 다녔을까요? 바로 달빛을 이용했어요. 특히 보름달은 반달보다 10배나 밝아서, 밤에도 주변을 살피며 활동할 수 있었지요.

상황이 이러하자 사람들은 달의 밝기와 모양이 어떻게 변하는지 관찰하기 시작했어요. 그 결과 29.5일마다 똑같은 모습으로 돌아온다는 것을 발견했지요. 사람들은 이 변화를 이용해 달력을 만들었어요.

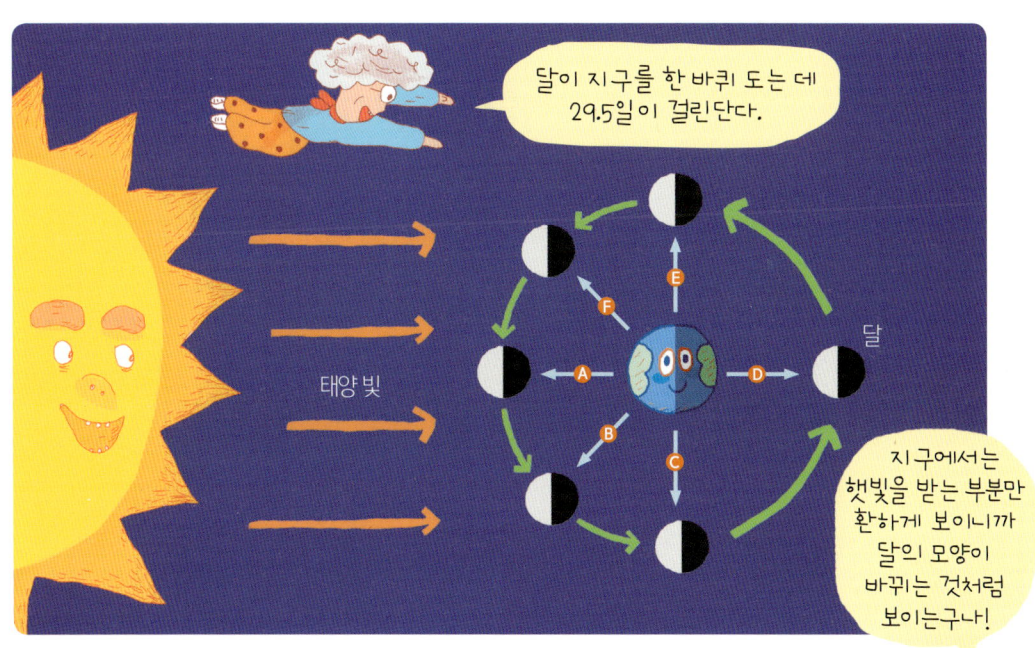

지구에서 바라본 달의 모습

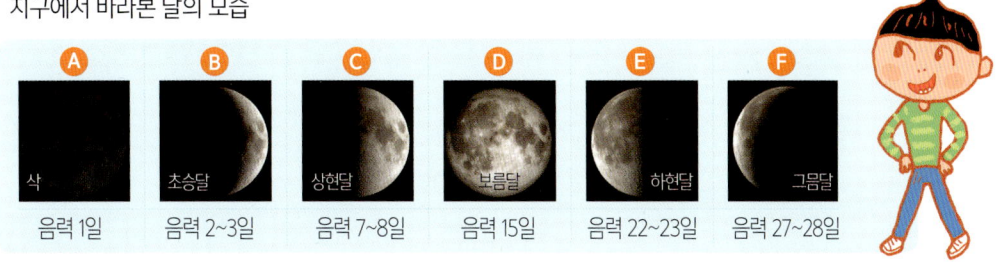

달력은 왜 필요했을까?

달력이 있으면 오늘이 며칠인지 알 수 있어요. 그리고 중요한 일을 언제 할 것인지 여러 사람과 정확하게 약속할 수 있지요. 문명이 발달하려면 아주 많은 사람이 협동해야 하는데, 그것을 가능하게 한 것이 달력이에요. 사람들은 달과 해의 움직임을 이용하여 달력을 만들었어요.

달의 움직임을 따라 만든 태음력

밤하늘에 보이는 달의 모양은 규칙적으로 변해요. 그래서 사람들은 맨 처음에 달의 변화를 기준으로 하여 날짜를 세는 방법을 만들었어요.

클 태 그늘 음 달력 력

이렇게 달의 모양을 기준으로 하여 만든 달력을 태음력이라고 해요. 태음은 달을 뜻하지요. 태음력을 사용하면 매월 같은 날엔 달의 모양이 똑같아요.

달은 29.5일마다 똑같은 모습으로 돌아와요. 즉, 태음력의 한 달은 29.5일이었지요. 열두 달이면 354일밖에 되지 않지요. 여기서 문제는, 10년쯤 지나고 나면 똑같은 달, 똑같은 날인데도 10년 전과는 계절이 달라져 버립니다. 그래서 태음력을 이용하여 농사를 짓기에는 매우 불편했어요.

해의 움직임을 따라 만든 태양력

해의 움직임을 기준으로 한 태양력은 고대 이집트 사람들이 처음 만들었어요.

1년을 365일로 정한 태양력은 달의 움직임과는 맞아떨어지지 않지만, 매년 같은 날이 같은 계절에 돌아오기 때문에 농사짓기에는 편리했어요.

그러나 여기에도 문제가 있었어요. 365일을 12로 나누면 약 30.4일이므로, 오랜 시간이 지나면서 날짜와 계절이 또 어긋났기 때문이에요.

이 문제를 풀기 위해 인류는 오랫동안 여러 방법을 시도했어요. 그러다가 1582년에 로마 교황 그레고리우스 13세가 4년에 한 번씩 1년을 366일로 하는 윤년을 만들었어요. 이것을 '그레고리우스력'이라고 하는데, 현재 우리가 사용하고 있는 달력이랍니다.

윤년을 정하는 규칙

❶ 그 해의 숫자가 4의 배수인 경우는 윤년이다.
  예 2016년, 2020년, 2024년, 2028년 등은 4로 나누어지므로 윤년이다.

❷ 그 해의 숫자가 4로 나누어지지만 100으로 나누어지면 윤년이 아니다.
  예 2100년은 4로 나누어지지만 100으로 나누어지므로 윤년이 아니다.

❸ 그 해의 숫자가 100으로 나누어지지만 400으로도 나누어지면 윤년이다.
  예 2000년은 100으로 나누어지지만 400으로도 나누어지므로 윤년이다.

행성 관찰과 별자리

월요일부터 일요일까지, 요일 속에는 여러 천체가 있어요. 바로 해와 달, 그리고 화성, 수성, 목성, 금성, 토성의 다섯 행성이지요.

화요일부터 토요일까지, 요일 속 다섯 행성

행성과 관련된 요일은 영어, 프랑스어, 독일어 등 다양한 외국어에서 찾을 수 있어요. 이 행성들에 대한 연구는 고대 그리스나 고대 중국의 유물에 남아 있지요. 따라서 사람들이 다섯 행성을 발견하고 관찰한 것은 그보다 훨씬 전이었다는 것을 알 수 있어요.

요일	일	월	화	수	목	금	토
	日	月	火	水	木	金	土
	날 일	달 월	불 화	물 수	나무 목	쇠 금	흙 토
천체	태양	달	화성	수성	목성	금성	토성

맨눈으로 보면 평범한 행성들

적도를 기준으로 지구를 위아래 둘로 나눴을 때, 위에 있는 부분을 북반구라고 해요. 우리나라는 북반구에 있지요.

북반구의 밤하늘에서 사람이 맨눈으로 볼 수 있는 천체는 2,000개 정도예요. 해와 달 다음으로 밝게 빛나는 금성을 빼면 수성, 화

성, 목성, 토성은 그저 반짝이는 2,000개의 점들 중 하나로 보이지요. 천체 망원경을 사용해야 행성들의 특별한 모습을 볼 수 있답니다.

허블 망원경으로 본 화성   망원 렌즈로 본 화성   밤하늘에서 맨눈으로 본 화성

그런데 고대 사람들은 망원경도 없이 어떻게 행성을 발견한 걸까요? 심지어 행성이 규칙적으로 움직인다는 사실도 발견했고요. 이 놀라운 일이 가능했던 것은 별자리의 이동을 알아냈기 때문이에요.

별자리의 탄생

별자리는 지금으로부터 7,000년 전에 아라비아반도의 목동들이 만들기 시작했어요. 점 같은 별들을 이어서 모양을 만들고, 각 모양에 이름을 붙였지요.

별자리는 오랜 세월을 거치면서 점점 다듬어졌고 2,000년쯤 전부터는 다른 지역에도 전달되었답니다.

천문학의 발달 • 41

별자리를 통해 확인하는 천체들의 주소

다른 사람에게 편지나 택배를 보내려면 정확한 집 주소를 알아야 해요. 주소란 넓은 지역을 여러 개로 나누어 각 구역에 이름과 숫자를 붙인 것이지요.

밤하늘도 마찬가지예요. 내가 지금 무슨 별을 보고 있는지 다른 사람에게 알려 주는 일은 매우 어려워요. 손가락으로 가리킨다 해도, 옆자리에서 보면 다른 별을 가리키는 것으로 보이니까요.

하지만 별자리를 아는 사람들이라면 대화가 훨씬 쉬워져요. '○○자리 제일 아래쪽 별', '○○자리에서 가장 밝은 별' 등으로 이야기하면 간단해요. 따라서 별자리는 밤하늘 천체의 주소를 말하는 첫걸음이에요.

별자리를 이용하여 맨눈으로 행성 찾기

별자리는 행성이나 혜성과 같은 천체들을 찾을 때도 아주 편리하게 쓰여요. 별자리 전체의 모양은 시간이 지나도 변하지 않아요. 그런 별자리 안에서 위치가 계속 바뀌는 천체가 있다면, 그 움직임이 도드라져 보이지요. 이런 식으로 별자리를 이용하면 행성을 찾아낼 수 있어요.

하지만 이 방법으로 행성을 찾는 건 쉬운 일이 아니에요. 행성의 위치가 며칠 만에 크게 바뀌는 것도 아니고, 움직임이 규칙적인지 확인도 해야 하고요. 그래서 하나의 천체를 행성이라고 판단하려면, 수십 년에서 수백 년을 꾸준히 관찰해야 해요.

TIP
늦게 발견된 천왕성과 해왕성

사람들은 아주 오래전에 맨눈으로 화성, 수성, 목성, 금성, 토성을 발견했어요. 하지만 그 후로 수천 년이 지나도록 천왕성과 해왕성은 발견하지 못했지요. 천왕성은 맨눈으로도 보이긴 했지만 너무 멀어서 거의 움직이지 않는 것처럼 보였고, 해왕성은 맨눈으로는 아예 보이지 않았기 때문이랍니다.

발전하는 천문학

고대 그리스의 학자들은 2,500년 전에 이미 지구가 둥글다는 것을 알았어요. 그리고 지구와 다른 천체들은 우주의 가장 바깥에 붙박여 있다고 생각했지요. 공처럼 생긴 하늘에 별이 박혔다고 믿은 거예요. 이처럼 둥글게 보이는 밤하늘을 천구라고 불렀어요.

天 球
하늘 천   공 구

초기의 천문학 : 지구 중심설 VS 태양 중심설

16세기까지 받아들여졌던 서양의 우주 이론은, 우주의 중심이 지구라는 '지구 중심설'(천동설)과 태양이 우주의 중심이라는 '태양 중심설'(지동설) 두 가지로 나눌 수 있어요.

지구 중심설 우주의 중심은 지구라고 주장한 대표적인 학자는 고대 그리스의 천문학자 프톨레마이오스예요. 그의 이론은 신이 우주를 창조했다는 기독교 사상을 떠받치는 데 큰 역할을 했지요. 그래서 지구 중심설이 유행하던 시기는 종교가 과학의 발전을 막았던 시대라고도 해요.

태양 중심설 관측 기술은 나날이 좋아졌어요. 그러면서 많은 과학자들은 천체들의 움직임이 지구 중심설과 잘 들어맞지 않는다는 것을 깨달았지요. 천체들의 움직임을 지구 중심설로 설명하려면 계산이 너무 복잡해졌거든요. 폴란드의 천문학자 코페르니쿠스(1473~1543년)는 과감하게 우주의 중심에 지구 대신 태양이 있다고 생각해 보았어요. 그랬더니 간단한 이론과 계산만으로 몇몇 천체의 움직임이 설명되었지요.

중력의 발견과 과학혁명

지구의 중심이 태양이라는 게 밝혀졌지만, 사람들은 종교적인 믿음 때문에 여전히 지구가 우주의 중심이라고 믿었어요. 이 믿음이 깨진 건 17세기에 뉴턴과 같은 과학자들 덕분이었어요.

뉴턴은 사과가 땅으로 떨어지는 것을 보고, 물체와 물체 사이에는 서로 잡아당기는 힘이 있다는 것을 깨달았어요. 이 힘이 바로 중력이에요. 뉴턴은 우주의 천체들도 중력이 있다고 주장했어요.

이 당시의 연구 성과 덕분에 사람들은 우주를 종교적인 신비로 가득한 공간이 아닌, 중력이 작용하는 자연의 공간으로 여기게 되었어요. 이후에 과학은 눈부시게 발전하여 오늘날에 이르렀지요.

뉴턴을 비롯한 과학자들의 연구가 불러온 이러한 변화를 '과학혁명'이라고 부른답니다.

> 나뿐만 아니라 태양 중심의 우주 체계를 알아낸 갈릴레오, 행성이 타원으로 돈다는 사실을 알아낸 케플러 등 여러 과학자의 연구가 모여 거대한 변화를 일으킨 거야!

한눈에 쏙!

천문학의 발달

천문학의 시작
- 우주의 천체, 그리고 그 천체들이 만들어 내는 여러 현상에 대한 학문
- 가장 오래된 천문학 유산은 달력
- 옛날 사람들이 해, 달, 지구의 움직임을 관찰한 이유
  ⋯→ 농사짓는 시기와 홍수가 나는 시기, 계절의 변화 등을 알기 위해
- 지구의 자전 : 지구가 스스로 매일 한 바퀴 도는 것 ⋯→ 낮과 밤이 생기는 이유
- 지구의 공전 : 지구가 태양의 둘레를 1년 동안 한 바퀴 도는 것
  ⋯→ 지구가 기울어진 채 공전하기 때문에 계절이 변함

달과 달력
- 달의 모양이 규칙적으로 변한다는 사실을 발견함
- 태음력 : 규칙적으로 변하는 달의 움직임을 이용하여 만든 달력
  29.5일마다 똑같은 모습으로 돌아오므로, 한 달은 29.5일
  몇 년이 지나면 똑같은 날, 똑같은 달인데도 계절이 달라짐
- 태양력 : 해의 움직임을 기준으로 만든 달력으로, 태음력의 단점을 보완
  오랜 시간이 지나면 태음력처럼 날짜와 계절이 달라짐
  ⋯→ 이를 해결하기 위해 윤년을 사용하는 그레고리우스력을 이용

행성 관찰과 별자리

- 요일의 명칭을 통해 고대에도 행성을 연구했다는 사실을 알 수 있음
- 맨눈으로 보면 행성의 모습이 반짝이는 점으로 보이지만, 망원경을 이용하면 더 자세히 볼 수 있음
- 7,000년 전 아라비아의 목동들이 별들을 이어서 모양을 만들고, 각 모양에 이름을 붙여 별자리를 만듦
- 별자리를 이용하면 맨눈으로 행성을 찾을 수 있음

천문학의 발전

- 지구 중심설(천동설) : 우주의 중심은 지구라는 이론
    - 대표적인 학자 : 고대 그리스의 천문학자 프톨레마이오스
    - 신이 우주를 창조했다는 기독교 사상을 떠받치는 데 큰 역할을 함
- 태양 중심설(지동설) : 우주의 중심은 태양이라는 이론
    - 대표적인 학자 : 폴란드의 천문학자 코페르니쿠스
    - 관측 기술이 발달하면서, 과학자들이 천체의 움직임과 지구 중심설이 잘 들어맞지 않는다는 것을 깨달음
- 17세기 이후 여러 과학자들의 연구에 힘입어 우주를 종교적인 공간이 아닌, 중력이 작용하는 자연의 공간으로 인식함 ⟶ 과학혁명

한 걸음 더!

동서양의 별자리

현재 전 세계에서 사용하는 공식적인 별자리는 모두 88개예요. 1922년 국제 천문 연맹(IAU) 총회에서 인정한 것으로, 서양에서 전해 온 별자리들이지요. 그래서 많은 사람들이 동양에는 체계적인 별자리가 없었을 것이라고 생각해요. 그러나 동양에도 전통적인 별자리가 있었답니다.

서양의 별자리

서양의 별자리는 대체로 밝게 빛나는 별들 위주로 이어 놓았어요. 그래서 밤하늘에서 한눈에 알아보기 쉬워요. 별자리 하나가 여러 개의 별들을 포함하고 있기 때문에 모양이 비교적 뚜렷하고, 이름과 잘 맞아떨어져요. 각 별자리마다 신화가 얽혀 있기도 하지요.

옛 서양 천문학에서는 특히 중요하게 여기는 열두 개의 별자리가 있었어요. 이를 '황도 12궁'이라고 했지요. 사람이 태어난 날과 별자리를 분석하면 그 사람의 성격과 특성, 운세 등을 알 수 있다고도 생각했답니다.

동양의 별자리

동양의 별자리는 대부분 고대 중국의 별자리를 바탕으로 하고 있어요. 중국 사람들은 하늘도 하나의 나라라고 생각했어요. 나라에 궁궐과 관청, 창고 등 여러 구역이 있듯이, 하늘도 황제와 왕이 머무는 곳, 신하들이 일하는 곳, 창고 등으로 나누었지요.

이렇게 인간 세상과 비슷하게 만들다 보니, 별자리가 약 300개나 되었어요. 모양보다는 구역을 중요하게 생각했기 때문에, 밝지 않은 별을 엮어서 만든 별자리들도 많았지요. 게다가 별자리의 이름도 모양과는 관계없는 것이 많았어요.

그렇지만 동양의 별자리도 큰 장점이 있었어요. 하늘을 매우 촘촘하게 잘라 나누어 놓았기 때문에, 그 구역이 밤하늘의 어느 방향, 어느 높이에 떠 있는가를 보면 지금의 시각과 계절을 정확하게 알 수 있었답니다.

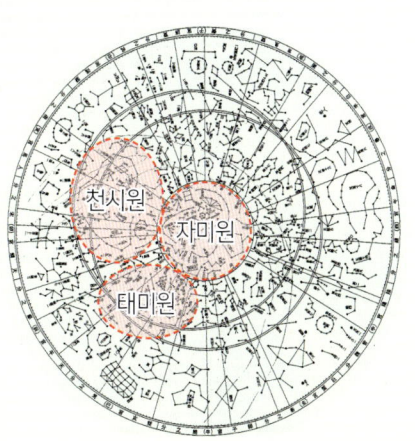

우리 조상들이 사용하던 별자리예요.
하늘의 중심이자 옥황상제의 자리인 자미원,
신하들이 임금을 모시며 나랏일을 펼치는
태미원, 하늘의 백성들이 사는 시장인 천시원
등으로 나뉘어 있어요.

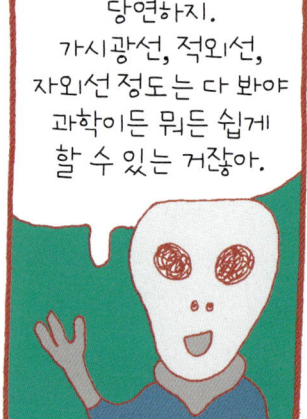

더 멀리, 더 또렷하게 – 망원경

망원경은 말 그대로 먼 곳을 잘 보여 주는 도구예요. 처음 발명되었을 때는 주로 군대에서 사용했어요. 전쟁 시에는 적군을 먼저 발견하는 것이 매우 중요하니까요.

1609년 갈릴레오가 망원경으로 천체를 관측하기 시작하면서 천문학은 눈부시게 발전했어요. 망원경의 성능은 계속 발전하고 있지요.

천체 망원경의 빛을 모으는 능력

사람이 어떤 물체를 보려면 우선 빛이 있어야 해요. 그리고 빛을 모아 들이는 눈이 있어야 하지요.

항성처럼 물체가 스스로 빛을 내든, 행성처럼 빛을 받아 반사하든, 물체에서 출발한 빛이 우리의 눈에 들어와야 우리는 그 물체를 볼 수 있답니다.

빛을 모으려면 볼록 렌즈나 오목 거울이 있어야 해요. 사람의 눈에도 동공 뒤에 붙어 있는 수정체라는 볼록 렌즈가 있어서 빛을 모아 줘요.

홍채가 가장 넓게 열릴 때 수정체에 빛이 닿는 부분은 지름 7밀리미터 정도예요. 그러니 사람의

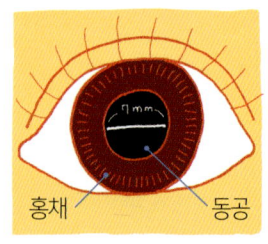

눈은 지름 7밀리미터의 렌즈로 만든 망원경이라고 할 수 있지요. 이렇게 작은 렌즈로 모을 수 있는 빛은 너무 적기 때문에 어두운 별은 거의 볼 수 없어요.

지름이 70밀리미터인 렌즈로 망원경을 만들면, 빛을 모으는 부분의 넓이가 사람 눈의 100배가 돼요. 따라서 빛을 100배 더 잘 모을 수 있지요. 그러면 맨눈으로 볼 수 있는 것보다 100배나 어두운 천체도 거뜬히 볼 수 있답니다.

광학 망원경

사람이 눈으로 볼 수 있는 빛은 가시광선뿐이에요. 천체 망원경 중에서, 사람의 눈처럼 가시광선을 받아들여 천체를 보는 망원경을 광학 망원경이라고 해요.

광학 망원경에는 빛을 렌즈로 모으는 굴절 망원경과 거울로 모으는 반사 망원경이 있어요.

굴절 망원경

후커 반사 망원경

TIP

망원경은 우리나라에 언제 들어왔을까?

망원경은 1608년 네덜란드의 안경사 한스 리퍼세이가 발명했어요. 이 물건은 유럽에서 중국으로 전해졌지요. 우리나라에는 1631년 조선 시대에 들어왔어요. 중국에 다녀온 사람들이 가지고 왔지요. '천 리 밖도 보여 준다'는 뜻에서 천리경이라고 불렀대요.

우주에서 활약하는 특수 망원경

앞에서 광학 망원경은 가시광선만 본다고 했어요. 하지만 가시광선은 빛의 아주 좁은 영역이에요. 적외선, 자외선, 엑스선 등 다른 빛도 있답니다.

예를 들어, 병원에서 사용하는 엑스선은 피부는 통과하지만 뼈는 통과하지 못해요. 덕분에 우리 몸속을 살펴볼 수 있지요.

우주를 볼 때도 가시광선이 아닌 다른 빛으로 관찰하면 새로운 정보를 얻을 수 있어요. 적외선, 자외선, 엑스선 등은 지구의 공기층과 먼지를 잘 통과하지 못해요. 그래서 이런 빛을 이용하는 망원경들은 주로 우주에서 활약하고 있답니다.

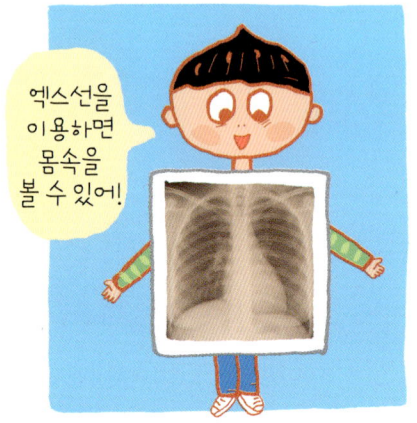

엑스선을 이용하면 몸속을 볼 수 있어!

적외선 망원경

우주의 먼지 구름은 가시광선을 가로막지만, 적외선은 그대로 통과시켜요. 그래서 적외선 망원경으로 보면 먼지 구름 속에 숨어 있는 천체들이나 별을 볼 수 있지요. 주로 어둡고 차가운 별들을 잘 본답니다.

스피처 망원경 2003년 나사(NASA : 미국 항공 우주국)에서 발사한 적외선 망원경이에요.

자외선 망원경

자외선은 아주 뜨겁거나 에너지를 많이 내보내는 천체들에서 많이 나와요. 그래서 자외선 망원경으로 우주를 관찰하면 새로 생긴 뜨거운 별이나 강한 에너지를 내뿜는 여러 천문 현상들을 잘 관측할 수 있어요.

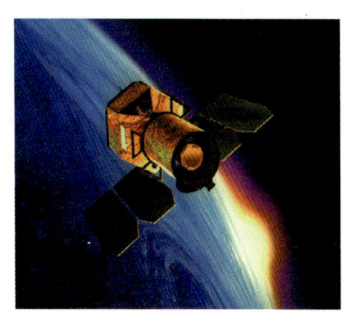

갈렉스 우주 망원경 나사를 비롯한 세계 여러 나라의 공동 개발로 만들어져 2003년에 발사되었어요. 우리나라의 연세 대학교도 참여했답니다.

엑스선 망원경

엑스선 망원경은 지구 밖에서 엑스선을 탐지하여 관찰해요. 엑스선은 에너지가 높은 빛이에요. 작지만 엄청나게 무거워서 주변 물질을 빨아들이는 블랙홀이나 온도가 아주 높은 별에서 많이 나와요.

찬드라 엑스선 망원경 1999년에 발사된 나사의 망원경이에요. 많은 블랙홀을 촬영했고, 폭발하는 별의 내부도 보여 주었어요.

TIP

땅 위에 넓게 펼쳐진 전파 망원경

천체가 내는 전파를 관찰하고 측정해요. 전파는 에너지가 매우 약한 빛으로, 지구 공기층에 거의 영향을 받지 않아요. 그래서 전파 망원경은 우주로 보내지 않고 지구에 두지요. 주로 주변 전파의 영향을 받지 않는 넓은 계곡이나 벌판에 설치해요.

VLA 1981년 미국 뉴멕시코주에 세운 전파 망원경이에요. 지름 25미터의 접시 안테나가 27개 놓여 있지요. 영화 〈컨택트〉에 나와서 더욱 유명해졌어요.

우주로 나가는 기술의 시작 – 로켓

현재 지구 주변에는 수천 개의 인공위성이 돌고 있어요. 태양계 곳곳에 나가 있는 탐사선들은 계속 새로운 정보를 우리에게 전해 주지요. 이러한 기계들이 우주로 나가는 일은 매우 어려운 작업이랍니다.

우주로 나가는 것이 힘든 이유

🚀 **엄청나게 빠른 속도가 필요해!**

비행기가 시속 1,000킬로미터인 걸 생각하면, 엄청 빠른 속도여야 해.

지구의 모든 물체는 중력의 영향을 받아요. 우리가 위로 공을 던지면 아래로 떨어지는 것처럼요. 물체를 공기층 밖의 우주로 날려서 지구 궤도를 계속 돌게 하려면, 물체를 시속 2만 8,000킬로미터의 속도로 쏘아 올려야 해요. 지구를 완전히 떠나 다른 천체까지 가려면 시속 4만 킬로미터라는 어마어마한 속도가 필요하고요.

🚀 **로켓에 실어 보내야 해!**

어마어마한 속도를 내려면 로켓을 사용해야 해요. 로켓의 원리는 풍선 속 바람이 빠지면서 날아가는 원리와 비슷해요. 로켓 안에 있는 가스가 엄청난 힘으로 빠져나가면, 로켓은 그 힘만큼 가스의 반대 방향으로 나아가지요.

🚀 안전한 로켓을 만들어야 해!

철은 1,538도 이상일 때 녹아 버려. 로켓이 녹지 않으려면 엄청난 기술력이 필요하지.

로켓에서 가스를 아주 큰 힘으로 내보내려면, 연료를 거의 폭발에 가깝게 태워야 해요. 물체가 불에 타려면 산소가 필요한데, 우주 공간에는 산소가 없어요. 그래서 산소를 만들어 줄 물질을 연료와 함께 싣고 날아가야 하지요. 따라서 아주 작은 물체라도 우주 공간에 올려놓기 위해서는 엄청나게 큰 로켓을 사용할 수밖에 없답니다.

연료가 탈 때 로켓의 온도는 3,000도가 넘어요. 따라서 작은 문제라도 생기면 로켓 자체가 폭발해 버릴 수도 있어요.

로켓을 만드는 것도 힘들지만 그것을 쏘아 올릴 공간과 시스템을 만드는 것도 매우 어려운 일이에요. 그래서 우주로 나아간 역사는 인공위성을 만드는 것보다 그것을 우주 공간으로 보내는 로켓과 같은 우주 발사체를 개발하는 데서 시작되었답니다.

TIP
우주 발사체와 우주 기지

우주 공간에서 움직이는 모든 비행 물체를 우주선이라고 해요. 인공위성, 우주 탐사선, 우주 왕복선 등도 모두 우주선이지요. 이러한 우주선을 지구에서 우주 공간으로 쏘아 올리는 데 사용하는 로켓을 우주 발사체라고 해요. 그리고 우주 발사체를 쏘아 올릴 공간과 장치들이 갖추어진 곳을 우주 기지라고 한답니다.

현재의 우주 진출 기술

예전에 우주로 나가는 가장 큰 성과를 올린 나라는 소련*과 미국이에요. 우주를 비행하고 돌아온 사람들도 있고, 달에 발자국을 남기고 온 사람도 있지요.

하지만 1972년 아폴로 17호를 끝으로 사람이 탄 우주선을 다른 천체에 보내지 않고 있어요. 사람을 다른 천체로 보내는 일은 쓰는 돈에 비해 성과가 너무 적고 위험한 일이기 때문이지요. 그래서 요즘은 우주 정거장을 제외하면 무인 우주선들만이 태양계 곳곳에서 활약하고 있어요.

인공위성이 가득한 지구 둘레

1957년부터 지금까지 발사된 인공위성은 6,000개가 넘고, 그중 1,000개 정도를 사용하고 있어요.

인공위성은 하는 일에 따라 정찰 위성, 통신 위성, 방송 위성, 기상 위성, 군사 위성, 과학 위성 등이 있어요.

이 많은 위성들이 지구 구석구석은 물론 우주에 대한 정보도 실시간으로 전해 주며 우리의 생활을 편리하게 해 줘요.

★ **소련** 1917년에 러시아, 우크라이나 등 유럽 동부와 아시아 북부에 있었던 15개의 나라가 연합하여 만든 국가로, 1991년에 해체됨

하지만 문제는 수명을 다한 인공위성들과 조각들이 지구 둘레를 돌고 있는 것이지요. 이를 우주 쓰레기라고 해요.

지금 지구 위에는 수백만 개의 크고 작은 우주 쓰레기가 떠 있어요. 작은 쓰레기라도 우주 망원경이나 우주 정거장과 부딪히면 엄청난 피해가 생길 수 있어요. 이를 막기 위해 나사는 테니스공보다 큰 모든 우주 쓰레기의 움직임을 계속 추적하고 있답니다.

다른 행성으로 가는 우주 탐사선

태양계의 다른 행성으로 가는 것은 매우 어려운 일이에요. 지구 바로 옆 행성인 화성까지 가는 데도 260일 정도나 걸리고, 목성까지 가는 데는 2년에 가까운 시간이 걸리거든요. 게다가 가는 동안에 행성들은 계속 움직이고요.

이러한 어려움 때문에 아직은 다른 행성으로 사람을 보내지는 못하고, 작은 무인 탐사선만 보내고 있어요.

태양계의 행성들 중 지구의 탐사선이 가장 먼저 도착한 곳은 금성이에요. 1962년 미국의 매리너 2호가 최초로 금성 궤도에 들어섰지요.

1977년에 발사된 보이저 1호와 2호는 목성, 토성, 천왕성, 해왕성을 지나며 태양계 행성과 위성들의 생생한 사진과 관측 자료를 전해 주었어요. 지금도 지구와 통신하고 있답니다.

매리너 2호

한눈에 쏙!

우주로 향하는 기술

망원경

- 먼 곳을 잘 보여 주는 도구
- 1609년 갈릴레오가 망원경으로 천체를 관측하기 시작하면서 천문학이 크게 발전함
- 천체 망원경 : 사람 눈에 있는 수정체가 빛을 모아들여 사물을 보듯, 천체 망원경은 사람 눈보다 훨씬 넓은 볼록 렌즈로 빛을 모아 먼 곳에 있는 어두운 천체를 살펴봄
- 광학 망원경 : 가시광선을 받아들여 천체를 보는 천체 망원경
  빛을 렌즈로 모으는 굴절 망원경과 거울로 모으는 반사 망원경이 있음

특수 망원경

- 사람의 피부 속을 보는 엑스선처럼, 가시광선이 아닌 다른 빛으로 사물을 보면 새로운 정보를 얻을 수 있음
- 우주에서 다양한 정보를 얻기 위해 적외선 망원경, 자외선 망원경, 엑스선 망원경 등을 사용함

로켓
- 인공위성, 우주 탐사선, 우주 왕복선 등을 우주로 쏘아 올릴 때 사용
- 물체를 우주로 쏘아 올리는 것이 힘든 이유
    - 지구의 중력을 벗어나 공기층 밖으로 내보내려면 엄청나게 빠른 속도가 필요함
    - 엄청난 양의 연료를 로켓에 실어 보내야 함
    - 연료가 탈 때 온도인 3,000도 이상에서도 버틸 수 있는 로켓을 만들어야 함

현재의 우주 진출 기술
- 1957년 이후 우주로 쏘아 올린 인공위성은 6,000개 이상
- 인공위성이 쓰이는 분야 : 통신, 방송, 기상, 군사, 과학 등
- 우주 쓰레기 : 수명을 다한 인공위성과 조각들이 지구를 둘러싸고 있어 큰 문제가 됨
- 무인 탐사선들이 다른 행성으로 날아가 생생한 사진과 관측 자료를 촬영하여 지구로 전해 주고 있음

한 걸음 더!

생활 속에 스며든 우주 과학 기술

나사를 비롯한 세계의 우주 개발 센터들을 가리켜 '세계 최고의 발명가 집단'이라고 말하기도 해요. 우주에서 사용하기 위해 개발한 것 중에는 일상생활에 편리하게 사용하는 발명품이 많이 있답니다.

전자레인지와 냉동 건조 식품

우주선에서는 불꽃이 생기는 조리 도구를 쓸 수 없어요. 그래서 전자기파를 이용하여 음식을 익히고 데우는 전자레인지를 개발했지요. 냉동 건조 식품도 무게와 냄새, 부피를 줄이고 우주선 안에서 간편하게 조리할 수 있도록 개발한 것이에요.

내열 재료

높은 온도의 열을 견디는 내열 재료는 열로부터 우주선과 우주복을 지키기 위해 개발된 재료예요. 소방관의 방화복을 만드는 데도 사용해요.

공기 청정기

우주선에서는 창문을 열고 환기할 수 없어요. 그래서 우주선 안의 공기를 깨끗하게 만들 수 있는 기술을 연구했지요. 그 기술이 실내용 공기 청정기에 그대로 이용되고 있어요.

특수 코팅

우주선의 주요 부품들은 강한 충격에도 깨지지 않고 높은 압력과 온도에도 잘 견디도록 특수 코팅이 되어 있어요. 이 기술은 전기밥솥에 사용되고 있어요.

정수기

우주인이 우주선에 머무는 동안 마실 물을 지구에서 가져가려면 비용이 매우 많이 들 거예요. 그래서 국제 우주 정거장 안에는 사람이 숨 쉴 때 내뱉는 수증기는 물론이고 땀과 오줌까지 모으고 걸러서 다시 깨끗한 물을 만드는 정수 시설이 마련되어 있어요. 집이나 음식점에서 사용하는 정수기도 이 기술을 이용한 것이에요.

이슬람의 천문학자들

우리에게 잘 알려진 천문학자들은 대부분 유럽이나 미국의 남성들이에요. 하지만 8~14세기의 이슬람 사람들도 천문학 발전에 큰 도움이 되었어요. 종이와 종교 덕분이었답니다.

종이책의 대량 생산

8세기에 이집트에서는 파피루스를, 유럽에서는 동물 가죽인 양피지를 사용했어요. 중국에서 만들어진 종이보다는 무겁고 글씨 쓰기가 불편했지요. 이슬람 통치자들은 종이가 책의 재료로 가장 좋다는 것을 알고, 794년 바그다드에 제지 공장(종이 만드는 공장)을 세웠어요. 그리고 그리스의 책을 대대적으로 번역하여 종이책을 만들었지요. 이 시기에 이슬람의 천문학 수준은 엄청나게 높아졌어요.

파피루스

이슬람 종교 행사

이슬람교도들은 하루에 다섯 번씩 정해진 시각에, 정해진 방향을 향해 기도를 해요. 또 이슬람 달력의 아홉 번째 달에는 '라마단'이라는 행사를 하는데, 이 기간에는 해가 뜰 때부터 질 때까지 음식을 먹지 않아요.

종교 행사 중에 절하는 이슬람 사람들

따라서 이슬람교에서는 정확한 시간과 정확한 날짜, 날짜에 따라 해가 뜨고 지는 시각, 동서남북의 정확한 방향을 아는 것이 매우 중요했어요. 그러려면 천체들의 움직임을 정확하게 계산해 줄 천문학자들이 꼭 필요했지요. 그래서 이슬람 사원에서는 천문 관측소를 운영했답니다.

중세 천문학을 이끈 이슬람의 천문학자

알 콰리즈미(780?~850?년)

이슬람 아바스 왕조의 왕인 알 마문의 지원을 받아 천재성을 마음껏 발휘한 수학자이자 천문학자예요. 숫자 '0'의 개념과 아라비아 숫자 체계를 인도에서 받아들여 유럽으로 전파한 사람으로 유명해요.
그는 별자리와 달의 변화뿐만 아니라 해와 달, 다섯 행성이 매 시각 어디에 있는지 기록한 천문표를 만들었답니다.

알 바타니(858?~929년)

아라비아의 왕자이자 시리아의 통치자예요. 뛰어난 수학자이자 천문학자이기도 했지요. 그는 천체들의 움직임을 관찰하여, 1년의 길이가 365일 5시간 46분이라고 계산했어요. 현대 천문학에서 계산한 1년의 길이가 365일 5시간 48분 46초이니, 천 년 전 계산치고는 매우 정확하지요.

알 비루니(973~1048년)

위도와 경도를 정확하게 계산한 학자예요. 산의 높이와 관찰자가 보는 각도를 이용하여 지구의 반지름을 계산하기도 했지요. 그가 얻은 반지름은 현대에 측정한 것과 15킬로미터밖에 차이 나지 않아요.

우리나라의 천문학자들

과학혁명이 일어나기 전까지 서양 천문학에서는 '하늘은 완벽해서 변화가 거의 일어나지 않는 세계'라고 생각했어요. 그렇지만 동양에서는 하늘은 계속 변하며, 그 변화는 나라에 닥칠 일을 나타낸다고 여겼지요. 그래서 동양에서는 일찍부터 천문 현상을 관찰하는 부서를 따로 두어, 하늘의 변화를 꼼꼼하게 기록했어요. 그 덕분에 서양에는 없는 옛 천문학 기록들이 우리나라와 중국, 일본에 많이 남아 있답니다.

우리나라의 옛 천문학

우리 조상들은 적어도 청동기 시대부터 천문 관측을 해 왔고, 돌판에 별자리를 새기기도 했어요. 《삼국사기》와 《삼국유사》에는 240여 개의 천문 현상이 기록되어 있지요.

고려 시대에는 태복감이라는 기관에서 하늘을 관측했어요. 그 결과 《고려사》에 무려 5,000여 개의 천문 현상이 기록되었답니다. 여기에는 태양의 흑점과 오로라를 관측한 내용도 있어요.

조선 왕조를 세운 태조 이성계(1335~1408년)는 새 나라의 정당성과 나라의 권위를 높이기 위해 '천상열차분야지도'를 이용하기도 했답니다.

천상열차분야지도 하늘의 별자리를 비석에 새긴 거예요. 태조를 찬양하는 내용과 조선 건국의 정당성을 알리는 글이 담겨 있어요.

조선의 천문학을 꽃피운 세종

조선의 4대 왕 세종(1397~1450년)은 중국의 천문학에서 벗어나 독립적인 천문학을 완성하기 위해 노력했어요. 조선과 중국은 위치가 달라 중국의 천체력*이 조선에 맞지 않았기 때문이에요.

정인지, 이순지 등 여러 학자들의 노력으로 마침내 우리나라에 맞는 '칠정산'이라는 천체력을 만들었어요. 그 과정에서 천체의 위치를 측정하는 혼천의와 간의 등 많은 천문 기구가 발명되었어요.

혼천의

개인 천문대를 지었던 조선의 학자 홍대용

조선 후기 학자 홍대용(1731~1783년)은 지구는 둥글며 자전하고 있다고 주장했어요. 또한 우주의 중심은 지구가 아니며, 우주는 끝이 없다고 생각했어요. 그는 직접 혼천의를 기계식으로 보완하고 서양식 자명종을 만들 정도로 기계도 잘 다루었어요.

1762년에는 충청남도 천안에 '농수각'이라는 개인 천문대를 지어 자신이 만든 혼천의를 비롯한 다양한 천문 기구를 설치했답니다.

난 조선의 코페르니쿠스라 불리지. 천안에 있는 홍대용 과학관에 놀러 와!

홍대용 과학관

★ **천체력** 천체의 위치, 밝기, 일식, 월식 등을 계산하여 표시한 달력과 같은 표

서양의 천문학자들

서양에서는 망원경이 나날이 좋아지면서 천문학도 빠르게 발전했어요. 18세기부터는 서양의 천문학이 동양에 전해지기 시작했고, 20세기부터는 전 세계의 천문학자들이 서양 천문학의 방법으로 우주를 연구하고 있어요.

망원경과 천문학을 크게 발전시킨 윌리엄 허셜

독일에서 태어나 영국에서 활동했던 윌리엄 허셜(1738~1822년)은 망원경 제작자이자 뛰어난 천문학자였어요. 그는 약 400개의 망원경을 만들었고, 천문학 역사에 길이 남을 업적을 많이 세웠어요.

동생과 함께 망원경을 만들어 천왕성을 비롯한 2,400여 개의 천체들을 발견했어요. 가장 큰 망원경은 길이가 12미터가 넘었어요.

커다란 망원경으로 새로운 천체를 많이 찾았다!

우리 은하는 가운데가 볼록할 거야.

우리 은하의 가운데가 볼록하다는 것을 알아냈어요.

우리 눈에 보이지 않는 빛이 있어!

빛은 가시광선만 있는 게 아니라 적외선이라는 빛도 있다는 것을 발견했어요.

'허블의 법칙'을 발견한 에드윈 허블

미국의 천문학자 허블(1889~1953년)은 우주의 범위가 알려진 것보다 훨씬 더 넓다는 것을 밝혀냈어요. 그는 여러 은하들이 이동하고 있으며, 멀리 있는 은하일수록 더 빠르게 멀어지고 있다는 '허블의 법칙'을 발표했어요. 이 법칙은 우주가 팽창하고 있다는 것을 뜻해요. 우주의 크기 자체가 변하고 있다는 허블의 주장과 함께 진정한 현대 우주론이 시작되었어요.

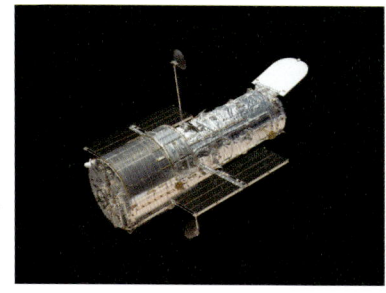

허블 우주 망원경 나사에서 쏘아 올린 망원경으로 허블의 업적을 기리기 위해 그의 이름을 붙였어요.

정상 우주론 VS 팽창 우주론(빅뱅 이론)

우주의 변화에 관해 천문학자들이 했던 생각은 크게 두 가지로 나뉘었어요. 첫 번째 생각은, 우주는 시작도 끝도 없이 영원하며 크게 변화하지 않는다는 '정상 우주론'이고, 두 번째는 우주도 시작과 끝이 있고 계속 팽창한다는 '팽창 우주론(빅뱅 이론)'이에요.

정상 우주론을 주장한 학자는 아인슈타인(1879~1955년)이에요. 하지만 그의 주장은 나중에 틀린 것으로 밝혀졌지요. 현재는 팽창 우주론을 인정하고 있어요. 이 이론에 따르면 과거의 우주는 지금보다 작고 빽빽했으며, 미래의 우주는 지금보다 크고 덜 빽빽해진다고 볼 수 있어요.

여성 천문학자들

우리에게 잘 알려진 천문학자들은 거의 남성이에요. 20세기 중반까지만 해도 거의 모든 나라에서 여성에겐 교육의 기회를 주지 않았기 때문이에요. 여성을 아예 받아 주지 않는 학회도 많았고요. 이런 어려움 속에서도 천문학 연구에 힘쓴 여성들이 있답니다.

혜성을 발견한 최초의 여성 - 캐롤라인 허셜

캐롤라인 허셜(1750~1848년)은 윌리엄 허셜의 여동생이자 조수였다고 알려졌어요. 하지만 훌륭한 천문학자이자 망원경 제작자이기도 했지요.

독일에서 태어난 캐롤라인은 어릴 때부터 부모를 대신해 집안일을 떠맡아 했어요. 그러다 영국에서 음악가로 자리 잡은 오빠 윌리엄 허셜을 따라 22살에 영국으로 건너갔어요. 몇 년 후 윌리엄이 천문학자가 되자, 캐롤라인도 오빠를 돕기 위해 천문학을 공부했고

망원경을 만드는 윌리엄 허셜과 캐롤라인 허셜

망원경을 만드는 기술도 익혔어요. 앞에서 본 윌리엄 허셜의 많은 업적은 캐롤라인과 함께 이룬 거예요.

오빠가 세상을 떠난 후 캐롤라인은 함께 발견했던 천체들의 목록을 정리하여 1828년에 세상에 발표했어요.

또한 혼자 8개의 혜성을 발견하기도 했어요. 이러한 노력을 인정받아 영국과 독일에서 훈장을 받았답니다.

우주 크기의 실마리를 찾은 헨리에타 리비트

헨리에타 리비트(1868~1921년)는 천문학을 공부하고 하버드 천문대에 들어갔어요. 천문대에서 리비트가 맡은 일은 '여성 컴퓨터'였어요. 지금과 같은 전자 컴퓨터가 없던 시절에는 손으로 계산하는 계산원을 '컴퓨터'라고 불렀지요.

20세기 초·중반까지 세계의 유명 천문대들은 여성에게 망원경을 만지지 못하게 했어요. 여성이 맡을 수 있는 일은 컴퓨터 정도였지요. 여성 컴퓨터들은 천체 사진에 나타난 항성의 밝기를 확인하고 분류했어요. 리비트는 밝기가 규칙적으로 변하는 별을 찾는 작업을 맡았지요. 리비트는 사진을 하나하나 검토하고 밝기를 계산하여 중요한 연구 결과를 많이 남겼어요. 에드윈 허블은 리비트의 연구 결과를 토대로 허블의 법칙을 발견했답니다.

여성 컴퓨터들

이 이야기를 알게 된 스웨덴 과학 아카데미는 1924년에 리비트를 노벨상 후보로 추천했어요. 하지만 안타깝게도 리비트는 이미 1921년에 세상을 떠난 뒤였지요. 결국 살아 있는 사람에게만 상을 준다는 노벨상의 원칙에 따라 후보 추천은 취소되었어요. 그 후로 수십 년 동안 리비트의 이름은 묻혔다가 현대에 와서 다시 알려졌답니다.

한눈에 쏙!

우주를 연구한 사람들

이슬람의 천문학자들

- 8~14세기 이슬람 천문학자들이 천문학을 많이 발전시킴
- 이슬람에서 제지 공장을 세우고 그리스 책을 번역함
  - ⋯ 이슬람에 좋은 과학책들이 매우 많아짐
- 이슬람교 행사를 위해 천체의 움직임을 살피는 것이 중요했음
  - ⋯ 이슬람 사원에서 천문 관측소를 운영하기도 함
- 중세 천문학을 이끈 이슬람 천문학자 : 알 콰리즈미, 알 바타니, 알 비루니 등

동양의 천문학자들

- 동양에서는, 하늘은 계속 변하며 나라에 닥칠 일을 나타낸다고 여김
  - ⋯ 일찍부터 천문 현상을 관찰하는 부서를 둠
- 우리나라의 천문학 : 《삼국사기》, 《삼국유사》, 《고려사》에 천문 현상 기록
- 세종 : 조선의 4대 왕으로, 칠정산이라는 천체력을 만들게 함
  - ⋯ 그 과정에서 많은 천문 기구가 발명됨
- 홍대용 : 지구는 둥글며 자전하고 있다고 주장함
  - ⋯ 다양한 천문 기구를 만들고, 개인 천문대인 농수각을 지음

서양의 천문학자들

- 망원경의 발달로 천문학도 빠르게 발전함
- 윌리엄 허셜 : 망원경 제작자이자 뛰어난 천문학자
  약 400개의 망원경을 만들어 많은 업적을 남김
- 허셜의 업적 : 천왕성을 비롯하여 2,400여 개의 천체 발견
  우리 은하의 모양을 알아냄, 빛의 한 종류인 적외선 발견
- 에드윈 허블 : 우주의 범위가 알려진 것보다 훨씬 넓다는 것을 밝힘
- 허블의 법칙 : 우주가 팽창하고 있다는 법칙으로, 허블이 발견함
  ⋯➝ 여러 은하들이 이동하고 있으며, 멀리 있는 은하일수록 더 빠르게 멀어지고 있다는 사실을 알아냄 ⋯➝ 현대 우주론의 출발점이 됨
- 정상 우주론 : 우주는 시작도 끝도 없이 영원하며 크게 변화하지 않는다는 이론 ⋯➝ 팽창 우주론이 인정되면서 틀린 주장이 됨
- 팽창 우주론(빅뱅 이론) : 우주도 시작과 끝이 있고 계속 팽창한다는 이론

여성 천문학자들

- 캐롤라인 허셜 : 천문학자이자 망원경 제작자로, 윌리엄 허셜의 여동생
  윌리엄 허셜과 함께 천문학 연구
- 헨리에타 리비트 : 하버드 천문대에서 여성 컴퓨터로 일함
  ⋯➝ 밝기가 규칙적으로 변하는 별을 찾는 일을 함 ⋯➝ 허블의 법칙을 발견하는 데 큰 도움이 되는 연구 자료를 남김

한 걸음 더!

행성에서 탈락한 명왕성

수성, 금성, 화성, 목성, 토성은 이미 고대부터 관측되어 온 행성들이에요. 천왕성은 1781년에 윌리엄 허셜이 발견했어요. 1800년대에는 영국의 천문학자 존 애덤스를 비롯한 많은 학자가 해왕성을 발견했지요.

그런데 1930년에 발견된 명왕성은 2006년에 행성에서 탈락되었어요. 과연 무슨 일이 있었던 걸까요?

클라이드 톰보, 명왕성을 발견하다!

천왕성과 해왕성의 움직임을 연구하던 과학자들은 계산 결과와 실제 움직임이 다르다는 사실을 알아냈어요. 이 연구를 바탕으로 과학자들은 더 먼 곳에 행성이 하나 더 있을 거라고 추측했지요. 미국의 천문학자 클라

이드 톰보(1906~1997년)는 이 행성을 찾기 위해 연구하던 중 1930년에 명왕성을 발견했답니다.

명왕성, 행성에서 탈락하다!

과학자들은 명왕성이 지구 정도의 크기일 것이라고 예상했어요. 그러나 연구가 계속되면서 달보다도 작다는 것이 밝혀졌지요. 궤도도 다른 행성들과는 달랐지요. 2005년 미국의 천문학자 마이클 브라운(1965년~)이 명왕성과 크기가 비슷한 천체 에리스를 발견하면서 문제는 더 심각해졌어요. 명왕성이 행성이라면 에리스도 행성이라고 하지 않을 이유가 없었거든요. 심지어 태양계 안에서 명왕성보다 큰 소행성이 많이 발견되었답니다.

결국 2006년 8월 국제 천문 연맹에서는 명왕성을 왜행성으로 분류하기로 결정했어요. 그러나 몇몇 과학자들은 명왕성에 다시 행성의 지위를 주기 위해 노력하고 있어요. 현재 새로운 정보가 많이 알려지면서 명왕성을 행성으로 볼 것인가의 논란은 계속되고 있답니다.

5화
우주 속에 상상력을 펼쳐 봐!

문화 문화를 살찌운 별별 이야기

- 신화가 된 우주
- 그림으로 보는 우주
- 소설로 읽는 우주
- 우주를 생생하게 담은 영화

한눈에 쏙 - 문화를 살찌운 별별 이야기

한 걸음 더 - 달에 대한 옛이야기

신화가 된 우주

과학이 발달하기 전에 사람들은 해와 달과 별을 바라보며 우주와 천체들이 어떻게 생겨났는지 궁금해했어요. 그리고 신처럼 자연을 뛰어넘은 존재가 우주를 만들었다거나 세상을 다스렸다는 이야기로 답을 내놓았지요. 이러한 이야기를 신화 또는 설화라고 해요. 우주의 탄생에 대한 신화로 어떤 이야기가 있는지 살펴봐요.

가장 오래된 신화 - 수메르 신화

수메르는 가장 오래된 문명의 기록이 발견된 지역이에요. 그래서 이 지역이 포함된 메소포타미아 문명을 가장 오래된 문명이라고 말하지요. 가장 오래된 신화 역시 수메르 신화라고 여겨지고 있어요.

수메르 사람들은 하늘과 땅이 먼저 생기고 그 사이를 메우는 공기가 생긴 뒤에 천체들이 생기고, 달이 생긴 뒤에 태양이 생겼다고 믿었어요.

수메르 신화에 따르면 하늘의 남신 '안'과 땅의 여신 '키' 사이에서 최고신 '엔릴'이 나왔으며, 엔릴과 공기의 여신 '닌릴' 사이에서 달의 남신 '난나'가 태어났다고 해요. 또한 난나가 갈대의 여신 '닌갈'과 결혼하여 태양의 남신 '우투'가 태어났다고 생각했답니다.

이집트 신화 속 우주

이집트 신화에서 우주는 땅의 남신 '게브' 위에 하늘의 여신 '누트'가 몸을 구부리고 있는 것으로 그려져요. 별은 누트의 몸에 박혀 있고, 낮에는 공기의 신 '슈'가 누트를 들어 올려 태양신 '라'가 지나다닐 수 있는 넓은 공간을 만들어 주지요.

저녁이 되면 라는 누트에게 먹혀 죽은 채로 누트의 몸속을 지나 아침에 다시 태어납니다. 태양이 매일 하늘에서 태어나야 했으므로, 하늘을 남신이 아닌 여신으로 나타냈어요.

중국 신화의 우주 - 반고 신화

중국의 반고 신화에 따르면, 아주 먼 옛날의 우주는 아무것도 없이 어둠에 휩싸인 상태였어요. 반고는 그 안에서 의식도 없이 있다가 1만 8,000년 만에 깨어나 그곳을 빠져나왔지요. 그 덕분에 우주가 갈라지며 하늘과 땅이 생겼어요.

반고는 하늘과 땅이 닿히지 않게 땅을 딛고 하늘을 떠받쳤어요. 그러다 반고는 결국 죽고 말았는데, 그의 왼쪽 눈은 태양, 오른쪽 눈은 달이 되었고, 입김은 바람과 구름이 되었으며, 목소리는 천둥이 되었대요.

그림으로 보는 우주

우주에 관한 관심은 이야기에만 머무르지 않고 그림으로도 나타났어요. 신화를 소재로 한 그림뿐만 아니라, 천문 현상이나 도구를 소재로 한 그림도 많답니다.

고구려 고분 벽화에 그려진 우주

고구려의 고분은 단순한 무덤이 아니에요. 이 세상과 우주에 대한 고구려 사람들의 생각을 표현한 미술 작품이라고 보아도 손색이 없지요.

고분 곳곳에는 해와 달, 별자리가 그려져 있어요. 특히 중국 길림성 집안시에 있는 장천 1호와 오회분 5호 묘에 관련 그림이 많답니다.

장천 1호 천장 그림이야. 태양에는 하늘과 땅을 연결하는 새 삼족오, 달에는 부의 상징인 토끼가 그려져 있어! 북두칠성도 있지!

오회분에 그려진 일신과 월신 달신(왼쪽)과 해신(오른쪽) 모두 사람의 얼굴에 용의 몸을 지닌 신으로 그려져 있어요. 달신은 머리 위에 흰 달을, 해신은 붉은 해를 이고 있어요.

조토의 그림에 등장한 혜성

핼리 혜성

이탈리아의 화가이자 건축가인 조토 디 본도네(1267~1337년)의 〈동방 박사의 경배〉는 혜성이 담긴 그림이에요.

중세 서양에서는 혜성과 같은 과학적인 천문 현상을 불길하다고 여겨서 그림에 담지 않았어요. 그런 시기에 혜성을 최초로 그려 넣었기에 큰 의의가 있지요.

그림 속 혜성은 핼리 혜성이라고 알려져 있어요. 핼리 혜성은 1301년에 지구에서 관측되었고, 조토도 직접 보았다고 해요.

은하수와 보름달을 자세히 담은 그림

아담 엘스하이머(1578~1610년)가 그린 〈이집트로의 도피〉는 마리아와 요셉, 아기 예수가 이집트로 도망치는 내용을 담고 있어요.

다른 화가들은 이 이야기를 낮에 보는 것처럼 환하게 그렸어요. 그러나 엘스하이머는 이 장면을 밤 풍경 그대로 그렸지요. 그리고 은하수, 별, 달을 실제 밤하늘을 보는 것처럼 정확하게 그려 넣었어요.

이 그림은 밤하늘 천체들의 모습을 있는 그대로 정확히 표현한 최초의 그림으로 유명해요.

소설로 읽는 우주

최초의 과학 소설 - 케플러의 《꿈》

《꿈》은 태양 중심설로 유명한 과학자 요하네스 케플러(1571~1630년)가 1608년에 쓴 소설로, '최초의 과학 소설'로 평가되고 있어요. 천문학자 티코 브라헤의 제자인 한 소년이 악마를 불러내어 달로 여행을 떠나는 내용이에요.

비록 악마의 힘으로 지구를 떠나는 설정이지만, 케플러는 지구를 벗어날 때 사람이 느낄 수 있는 괴로움을 매우 과학적으로 썼어요.

출발할 때는 마치 화약이 폭발할 때와 같은 압력을 받아 매우 고통스럽고, 높게 올라갈수록 공기가 부족하여 숨 쉬기가 힘들어지며, 엄청난 추위가 닥친다는 것이지요. 지구에서 아주 멀어지면 무게가 느껴지지 않는다는 이야기도 나와요.

달에 도착한 후에는 지구가 보이는 쪽과 그렇지 않은 곳의 차이는 무엇인지, 달에서 보는 별과 태양은 어떠한지도 자세히 썼어요. 소설치고는 매우 과학적이지요?

18~19세기 과학 소설 속 우주여행

사람이 만든 기계 우주선이 처음 등장하는 소설은 쥘 베른(1828~1905년)의 《지구에서 달까지》(1865)와 《달 주위에서》(1870)예요. 여기 나오는 우주선은 길이 300미터가 넘는 대포에 넣어져 발사돼요. 그 후 달 주위를 돌다가 지구로 다시 돌아오지요.

19세기까지의 과학 기술로 가장 큰 추진력을 얻을 수 있는 도구는 대포밖에 없었어요. 우주선을 달에서 지구로 다시 발사할 수 있는 기술도 없었고요. 쥘 베른의 소설은 당시의 과학 기술 상황을 잘 보여 줬답니다.

현대 과학 소설 속 우주여행 기술

지금의 기술로는 태양계에서 가장 가까운 항성까지 가는 데 5만 년이 넘는 시간이 걸려요. 그러나 현대 작가들의 상상력은 그보다 훨씬 먼 천체까지 거침없이 뻗어 나가고 있지요. 현대 과학 소설에는 다양한 우주여행 방법이 등장해요.

빨리 가는 기술 개발하기
빛의 속도 또는 그 이상의 속도로 이동함

동면 상태로 비행하기
긴 시간 동안 의식 없이 비행하다 목적지에 도착하면 깸

지름길로 가기
먼 곳을 가깝게 연결하는 우주 통로가 있음

우주를 생생하게 담은 영화

사람은 현재의 과학 기술로 충분히 우주에 다녀올 수 있어요. 하지만 어마어마한 비용 때문에 누구나 갈 수 있는 곳은 아니지요. 그런 우주 공간을 간접적으로 체험할 수 있게 해 주는 것이 바로 영화예요. 영화 속에 표현된 우주를 통해 우주의 특징을 생생하게 살펴볼 수 있지요.

최초의 우주 영화 〈달 세계 여행〉

우주를 그린 최초의 영화는 1902년에 상영된 조르주 멜리에스(1861~1938년)의 〈달 세계 여행〉이에요. 우주선이 달에 착륙했다 돌아온다는 내용으로, 쥘 베른의 소설 《지구에서 달까지》를 각색하여 만든 작품이에요. 이 영화에 나오는 달 세계는 유쾌한 상상의 나라이자 작은 연극 무대처럼 보여요. 하지만 최초로 특수 효과를 사용했고, 영화의 역사가 시작되고 10년도 되지 않아 만들어진 우주 영화라는 점이 매우 중요해요. 인간이 우주를 얼마나 표현하고 싶어 했는지를 잘 보여 주기 때문이에요.

영화의 새로운 배경이 된 우주

영화 산업이 발전하면서 우주를 다룬 영화도 많이 만들어졌어요. 현실의 한계를 넘어 상상력을 펼치는 데 지구 밖의 세계만큼 좋은 배경은 없으니까요. 〈스타워즈〉를 비롯한 많은 영화가 우주의 다양한 생명체와 기계의 모습을 상상하여 보여 주었어요.

1980년대까지의 영화들은 우주를 과학적으로 보여 주는 것보다 우주를 배경으로 한 재난이나 싸움, 모험 등을 보여 주는 데 초점을 맞췄어요. 그래서 우주나 우주선을 과학적으로 정확하게 표현했다고는 할 수 없답니다.

우주와 우주선을 생생하게 그린 영화

1990년대부터는 영화 기술이 크게 발전하여, 우주에서 일어나는 일들을 사실적으로 보여 주는 영화가 많이 등장했어요. 그 출발점이 된 영화가 1995년에 개봉된 〈아폴로 13〉이에요.

이 영화는 우주선 아폴로 13호 안팎의 모습뿐 아니라, 우주 비행사들이 우주선 안에서 했던 일들도 실제와 가깝게 보여 줬어요. 무중력 실험에 사용되

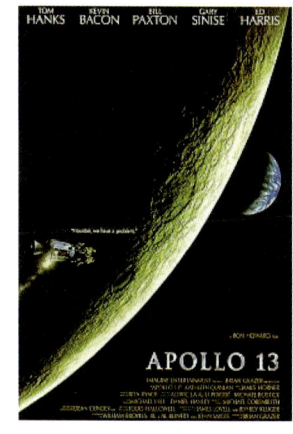

는 나사의 비행기를 빌려 타고, 실제로 무중력 상태를 만든 후에 촬영하기도 했지요. 그 덕분에 무중력 상태에서 물건들이 떠다니는 모습이나 주스를 짜 먹는 모습 등을 생생하게 표현할 수 있었답니다.

2013년에 개봉된 영화 〈그래비티〉는 우주 왕복선을 타고 가서 허블 우주 망원경을 수리하는 과학자들의 이야기예요. 이 영화에서는 우주 쓰레기가 우주 왕복선 및 허블 우주 망원경과 부딪히며 일어나는 일들, 국제 우주 정거장으로 들어가는 과정 등을 아주 자세하게 보여 준답니다.

한눈에 쏙!

문화를 살찌운 별별 이야기

신화와 우주

- 과학이 발달하기 전에 우주의 탄생에 대한 신화가 등장
- 수메르 신화 속 우주 : 가장 오래된 신화
  - 맨 처음에 하늘과 땅이 생기고 그 사이를 메우는 공기가 생긴 뒤에 천체들이 생겼다고 믿음
  - 달의 남신 난나와 갈대의 여신 닌갈이 만나 태양의 남신 우투가 태어났다고 생각함
- 이집트 신화 속 우주 : 몸에 별이 박힌 하늘의 여신 누트가 땅의 남신 게브 위에 있다고 믿음
  - 누트와 게브 사이에는 공기의 신 슈와 태양신 라가 있음
- 중국의 반고 신화 속 우주 : 어둠 속에 있던 반고가 깨어나 어둠을 가르고 하늘과 땅을 만듦
  - 반고의 왼쪽 눈은 태양, 오른쪽 눈은 달, 입김은 바람과 구름, 목소리는 천둥이 됨

그림과 우주

- 고구려 고분 벽화 : 우주에 대한 당시 사람들의 생각이 담김

- 조토의 〈동방 박사의 경배〉 : 핼리 혜성이 담긴 그림
  - 중세 서양 그림 중 천문 현상을 과학적으로 그린 최초의 작품
- 아담 엘스하이머의 〈이집트로의 도피〉 : 은하수와 보름달을 있는 그대로 정확히 표현한 최초의 그림

소설과 우주

- 케플러의 《꿈》 : 최초의 과학 소설로, 1608년에 씀
  - 천문학자 티코 브라헤의 제자인 한 소년이 악마를 불러내어 달로 여행을 떠나는 이야기
  - 지구를 벗어날 때와 달에 도착했을 때의 상황을 매우 과학적으로 설명함
- 18~19세기 과학 소설 : 사람이 만든 기계 우주선이 처음 등장
- 현대의 과학 소설 : 상상력을 이용하여 우주여행 방법을 표현
  - 빨리 가는 기술 개발, 동면 상태로 비행, 지름길로 이동

영화와 우주

- 〈달 세계 여행〉 : 1902년 개봉된 최초의 우주 영화
  - 최초로 특수 효과를 사용함
- 1980년대 영화 : 우주를 상상력을 펼치는 배경으로 활용
  - 과학적 지식보다 등장인물 간의 싸움, 모험 등에 초점을 맞춤
- 1990년대 이후 영화 : 우주와 우주선에서 일어나는 일을 사실적으로 재현

한 걸음 더!

달에 대한 옛이야기

달의 표면은 지구처럼 울퉁불퉁해요. 낮은 지역은 어두운색 돌로 되어 있고, 높은 곳은 밝은색 돌로 되어 있지요. 그래서 지구에서는 달의 표면이 얼룩진 것처럼 보여요.

사람들은 옛날부터 달의 표면을 보며 여러 사물을 떠올렸어요. 그리고 그 사물이 달나라에 있다는 상상을 하며 많은 이야기를 만들어 냈답니다. 중국의 옛이야기 중에는 늙지도 죽지도 않는 약을 먹고 신선이 된 '항아' 이야기가 있어요. 항아는 신들의 노여움을 사서 두꺼비로 변한 채 달에 산다고 해요. 2007, 2010, 2013년에 발사된 중국의 달 탐사선에는 항아의 또 다른 이름인 '창어'라는 이름이 붙었어요.

무슨 생각을 하면서 보느냐에 따라 달 표면 무늬가 다르게 보여.

그래서 나라마다 떠올리는 이미지가 다양하구나.

달 표면

여인의 옆얼굴

두꺼비

불교 이야기에서는 '제석천'이라는 신이 나와요. 그가 굶주린 노인으로 변신했을 때 토끼가 자기 몸을 먹이로 바치며 스스로 불에 뛰어들었어요. 그는 토끼의 갸륵한 마음을 기리기 위해 토끼를 달로 보냈다고 해요. 이 토끼를 '옥토'라고 해요. 불교 문화가 널리 퍼진 아시아에서는 달을 보면서 토끼를 떠올려요. 그래서 중국은 2013년에 발사된 창어 3호에 실려 있던 탐사 로봇의 이름을 옥토라고 지었어요.

일본에는 '카구야 공주' 전설이 있어요. 대나무를 팔던 가난한 부부가 어느 날 빛나는 대나무를 발견했는데, 그 대나무를 잘랐더니 그 안에서 작은 여자아이가 나왔대요. 그 아이는 아름답게 자라나 '카구야'라는 이름을 얻고 많은 사람의 청혼을 받았답니다. 그러나 자기가 원래는 달나라 공주였다고 말하며 도로 달나라로 돌아갔대요.

2007년에 발사된 일본의 달 탐사선의 공식 이름은 그리스 신화에 나오는 달의 여신 '셀레네'였어요. 그럼에도 일본인들이 셀레네를 '가구야'라고 부른 이유는 바로 이 전설 때문이었답니다.

토끼와 절구   집게발을 든 게   책 읽는 여인

6화

외계인을 만나러 갈 거야!

 우주 관련 직업

- 우주인이란?
- 예비 우주인들의 훈련
- 우주 시대의 새로운 학문

한눈에 쏙 - 우주 관련 직업

한 걸음 더 - 국제 우주 정거장에서 생활하기

우주인이란?

우주선을 타고 지구 공기층 바깥으로 나간 경험이 있는 사람을 우주인이라고 해요. 그러니 '우주인' 자체가 하나의 직업은 아니지요.

우주인은 우주로 나가는 목적과 맡은 역할에 따라 크게 다섯 가지로 나뉘어요.

선장
모든 임무를 이끌고 최종 책임을 져요. 우주인으로서의 경험이 많아야 해요.

조종사
우주선을 조종해요. 공군에서 전투기를 1,000시간 이상 몰았던 경험이 있어야 해요.

운용 기술자
우주선의 각종 통신과 조종 기기를 관리해요. 대학에서 관련 학문을 배우고 그 분야에서 3년 이상 일한 사람이어야 해요.

우주 관광객
우주를 여행하기 위해 돈을 내고 다녀오는 사람이에요.

과학 기술자
우주선 안에서 각종 과학 실험과 연구를 해요. 대학에서 관련 학문을 배우고 그 분야에서 3년 이상 일한 사람이어야 해요.

우주인이 되려면?

우주 관광객은 돈과 체력을 갖추고 기본적인 훈련을 받으면 되지만, 임무를 수행하는 우주인에 지원하려면 매우 까다로운 자격을 갖추어야 해요. 지난 2016년 나사에서 모집했던 조종사, 운용 기술자, 과학 기술자의 지원 자격을 살펴볼까요?

- 나이 : 제한 없음
- 학력 : 공학, 생명 과학, 자연 과학, 수학 등을 전공한 사람
  - 기술자는 위와 관련된 분야에서 3년 이상 일한 경력자
  - 조종사는 1,000시간 이상의 제트기 조종 경험이 필요함
- 혈압 : 90~140mmHg 이하
- 키 : 157~190cm
- 미국 시민권자

우주인이 되기 위한 심사

사람의 몸은 지구 표면 환경에 딱 맞추어져 있어요. 그래서 중력과 공기 압력이 지금보다 커지거나 작아지면 금세 몸에 탈이 나지요.

우주인을 뽑을 때는 이러한 변화에 잘 적응할 수 있는지 여러 검사를 해요. 어떤 검사가 있는지 알아봐요.

- 기초 체력 검사와 건강 검사
- 틸팅 테이블 검사 : 심장을 빨리 뛰게 하고 혈압을 높여 가면서 몸이 어느 정도 견딜 수 있는지 확인함
- 중력 적응 검사 : 우주선이 발사될 때 받는 엄청난 중력의 힘을 견딜 수 있는지 확인함
- 전정 기능 검사 : 빠른 속도로 도는 원통형 방에서 버티는 정도를 확인함

예비 우주인들의 훈련

엄청난 경쟁률을 뚫고 예비 우주인으로 합격하면, 우주에 잘 적응할 수 있는 몸을 만들기 위해 다양한 훈련을 해요. 높은 중력과 무중력, 낮은 압력 등을 견디면서 체력을 키워요.

무중력 훈련

엘리베이터가 내려가기 시작할 때는 몸이 약간 뜨는 느낌이 들어요. 반대로 올라가기 시작할 때는 몸이 무거워지는 느낌이 들지요. 우리 몸이 느끼는 중력이 달라지기 때문이에요.

이 원리를 이용해서 비행기의 속도를 빠르게 변화시키며 오르락내리락하면 강한 중력 상태, 무중력 상태와 비슷한 환경을 만들 수 있어요. 예비 우주인들은 이렇게 중력이 변하는 상태에서 다양한 훈련을 해요.

우주 유영 훈련

공기가 없는 무중력 상태에서 우주선을 정비하는 연습을 하는 훈련이에요. 우주복을 입고 거대한 특수 수영장에 들어가 연습하지요. 물속에 들어간 상태에서 우주복에 추를 붙여 몸이 뜨지도, 가라앉지도 않게 해요. 아무리 팔다리를 움직

여도 이동할 수 없지요. 물속 우주선 모형의 손잡이를 잡아야만 이동할 수 있어요. 능숙하게 이동하고 정비를 잘할 수 있을 때까지 훈련해요.

하늘에서 떨어질지도 모르니 철저하게 훈련해야 해.

탈출 훈련

우주선이 공기층을 벗어나기 전에 고장이 났을 때 신속하고 안전하게 탈출하는 훈련이에요. 땅 가까운 곳에서 대피 장치를 통해 내려오거나 물로 뛰어드는 훈련, 낙하산을 이용해 안전하게 떨어지는 훈련 등을 받아요.

생존 훈련

우주선이 지구로 돌아올 때, 계산된 지점에 착륙하지 못할 수도 있어요. 어떤 곳에 착륙하든 구조대가 올 때까지 살아남아야 해요. 이를 위해 매우 힘든 환경에서 버티는 훈련을 해요.

폐쇄 공간 적응 훈련

일단 우주로 나가면 동료들과 싸워서 화가 난다 해도 밖으로 나갈 수 없어요. 그래서 우주인 후보들은 우주선이나 우주 정거장 모형 안에 며칠 동안 갇혀서 함께 지내는 훈련을 받는답니다.

폐쇄된 공간에서 오랜 시간 같이 생활하려면 서로 배려하고 협동하는 자세가 필요해!

우주 시대의 새로운 학문

우주 공간으로 우주선을 보내기 시작하면서, 우주에서 얻는 정보는 과거와는 비교할 수 없이 다양해졌어요.

우주와는 관련이 적다고 생각했던 생물학, 지질학, 의학 등의 분야들도 이제는 우주와 함께 연구하고 있답니다.

행성 지질학

오랫동안 지질학은 지구만을 연구하는 학문이었어요. 그러나 20세기부터는 태양계 행성들과 그 위성들, 달, 소행성, 혜성 등으로 연구 영역이 넓어지기 시작했어요. 요즘은 나사나 미국 지질 조사소를 비롯한 세계의 중요 연구 기관에 행성 지질학을 연구하는 조직이 따로 있답니다.

우리나라의 한국 지질 연구원에도 행성 지질 연구실이 있어요. 행성 지질학자들은 우리 태양계가 어떻게 생겨났고 변화해 왔는지를 연구하지요. 무인 탐사선이 보내온 자료나 지구에 떨어진 운석 등을 바탕으로 연구한답니다.

화성의 흙과 공기를 직접 분석하는 기술을 갖춘 화성 탐사 로봇 큐리오시티

우주 생물학

진지한 과학으로서의 우주 생물학의 역사는 바다에서 시작되었어요. 1977년에 깊이 2,700미터의 뜨거운 물이 뿜어져 나오는 해저에서 생물

들을 발견했어요. 이곳의 압력은 지표면의 270배, 온도는 350도이지요. 햇빛도 전혀 닿지 않아 캄캄한데다가 산소도 없어요. 이러한 환경에서도 생물이 자라는 것을 본 과학자들은 생물들이 더 가혹한 조건에서도 살아남을 수 있는지 궁금했어요. 이 실험은 우주로 이어졌지요.

2007년, 유럽 우주국에서는 박테리아를 비롯한 여러 가지 생물을 우주로 보냈어요. 이 생물들은 보호 장치 없이 우주 정거장 바깥에서 자외선과 방사선을 쬐었고 진공 상태도 겪었어요. 실험 결과, 완보동물은 대부분 살아남았고 번식도 했답니다.

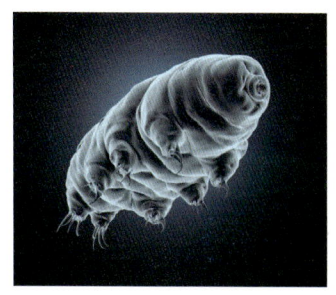
현미경으로 본 완보동물

화성 탐사 로봇인 큐리오시티는 화성에서 미생물이 살 수도 있다는 정보를 보내왔어요. 이러한 연구 결과들이 알려지면서 우주 생물학은 점점 더 흥미로운 분야가 되고 있답니다.

항공 우주 의학

과학자들은 낮은 압력과 높은 압력, 무중력과 저중력, 고중력 환경에서 사람의 몸이 어떻게 변하는지를 연구하고 있어요. 그러한 환경에서 사람이 아프거나 다쳤을 때 어떻게 치료해야 하며 어떠한 보호 장비를 만들어야 하는가도 더 자세히 알아내고 있고요. 항공 우주 의학은 이런 것들을 다루는 분야랍니다.

우주에 머무는 우주인이 많아지면 미래엔 우주에 병원이 생길지도 몰라!

한눈에 쏙!

우주 관련 직업

우주인
- 지구 공기층 바깥으로 나간 경험이 있는 사람
- 우주로 나가는 목적과 맡은 역할에 따라 다섯 가지로 나뉨

선장
모든 임무를 이끌고 최종 책임을 져요. 우주인으로서의 경험이 많아야 해요.

조종사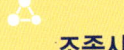
우주선을 조종해요. 공군에서 전투기를 1,000시간 이상 몰았던 경험이 있어야 해요.

과학 기술자
우주선 안에서 각종 과학 실험과 연구를 해요. 대학에서 관련 학문을 배우고 그 분야에서 3년 이상 일한 사람이어야 해요.

운용 기술자
우주선의 각종 통신과 조종 기기를 관리해요. 대학에서 관련 학문을 배우고 그 분야에서 3년 이상 일한 사람이어야 해요.

우주 관광객
우주를 여행하기 위해 돈을 내고 다녀오는 사람이에요.

예비 우주인들의 훈련

- 무중력 훈련 : 빠르게 오르내리는 비행기를 타고 여러 중력 상태를 경험함
- 우주 유영 훈련 : 마음대로 움직일 수 없는 특수 수영장에 우주복을 입고 들어가 우주 장비를 다룸
- 탈출 훈련 : 우주선에 고장이 났을 때 탈출하기 위한 훈련
- 생존 훈련 : 지구로 돌아온 우주선이 매우 힘든 환경에 착륙했을 경우, 구조대가 올 때까지 살아남을 수 있게 대비하는 훈련
- 폐쇄 공간 적응 훈련 : 갇힌 공간에서 여러 사람과 함께 생활하는 데 적응하는 훈련

우주 시대의 새로운 학문

- 행성 지질학 : 지질학은 지구를 연구하는 학문이었으나 태양계 행성, 위성 등의 땅도 연구하기 시작함
  - 무인 탐사선이 보내온 자료나 지구에 떨어진 운석을 통해 연구
- 우주 생물학 : 우주에서 생물이 살 수 있는지 연구하는 학문
  - 해저에서 생물이 자라는 것을 보고, 더 가혹한 조건인 우주에서도 생물이 살 수 있는지 연구하기 시작함
- 항공 우주 의학 : 우주에서 사람의 몸이 어떻게 변하는지 연구

한 걸음 더!

국제 우주 정거장에서 생활하기

국제 우주 정거장은 1988년에 짓기 시작하여, 2010년에 완성된 다국적 우주 정거장이에요. 각국의 우주인들은 다양한 우주 실험과 우주 환경 속에서의 인체 변화 연구, 지구 관측 등의 일을 하고 있어요. 공용어는 영어지만, 대부분 러시아어도 잘한답니다.

국제 우주 정거장의 길이는 73미터, 폭은 109미터, 무게는 420톤이에요. 지구에서 350~400킬로미터 위에 떠 있으며, 지구를 한 바퀴 도는 데 약 92분이 걸려요. 국제 우주 정거장 안에는 우주 실험실, 우주인들의 생활 공간 등이 있어요.

❶ **자랴** 전력을 공급하고 통신을 담당하는 곳
❷ **즈베즈다** 통제실이자 우주인들의 주요 생활 공간
❸ **퀘스트** 우주인이 우주선 안팎을 드나들기 전에 기압을 조정하는 공간
❹ **프로그레스** 식량, 물, 연료 등을 실은 보급선
❺ **태양 전지판** 태양 빛을 받아 에너지를 생성

우주인은 어떻게 생활할까?

국제 우주 정거장 안에는 우주인들이 생활하는 공간이 마련되어 있어요. 그곳에는 침실, 목욕 시설, 주방, 냉장고, 운동 장비 등이 있지요.

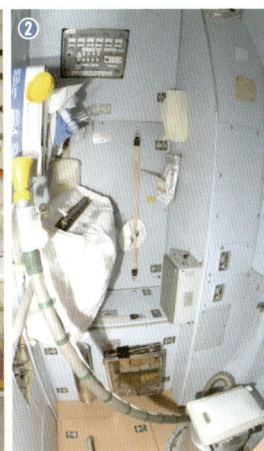

❶ 몸이 약해지지 않도록 특수 장치 위에서 운동을 해요.
❷ 화장실의 변기 입구가 매우 좁아서 잘 맞추어 앉아야 해요.
 강한 압력이 배설물을 빨아들여요. 왼쪽에 있는 파이프는 소변용이에요.
❸ 승무원들이 자기의 개인 공간에서 머리를 내밀고 있어요.
❹ 개인 공간 내부에는 침낭, 옷장, 컴퓨터, 구내 전화 등이 있어요.
❺ 머리를 감을 때는 머리에 샴푸를 문지른 뒤, 물을 조금씩 뿌려 감아요.
❻ 식사를 하는 모습으로, 음식물이 공중에 떠 있는 걸 볼 수 있어요.

워크북

1화 외계인이 나타났다!

1 다음 그림과 천체에 대한 설명을 알맞게 짝지어 보세요.

①   ㉠ 혜성 : 가스로 되어 있는 핵이 증발하면서 꼬리를 만들며 날아가는 천체

②   ㉡ 위성 : 행성이나 왜행성의 주변을 도는 천체

③   ㉢ 항성 : 가스를 태워 스스로 빛을 내는 천체

④   ㉣ 소행성 : 암석으로 된 작은 천체로, 공 모양도 있고 돌멩이처럼 불규칙한 모양도 있음

2 다음 중 암석형 행성을 태양에서 가까운 순서대로 나열한 것을 고르세요.

① 태양 – 지구 – 금성 – 화성 – 수성
② 태양 – 목성 – 천왕성 – 금성 – 화성
③ 태양 – 수성 – 금성 – 지구 – 화성
④ 태양 – 해왕성 – 천왕성 – 토성 – 목성

3 다음 글을 읽고 무엇에 대한 설명인지 보기에서 골라 써 보세요.

혜성이 지나간 자리에는 찌꺼기가 남아요. 그 찌꺼기들은 지구가 혜성의 궤도를 지나갈 때 지구로 떨어지면서 공기와 부딪혀 불타지요. 이를 별똥별이라고도 해요.

보기
항성   유성   핼리 혜성   소행성   오르트 구름

_____

2화 과학의 출발점은 천문학이야!

1 다음은 지구에서 본 달의 모습을 보여 주는 그림이에요. A와 B에 대한 설명으로 틀린 것을 고르세요.

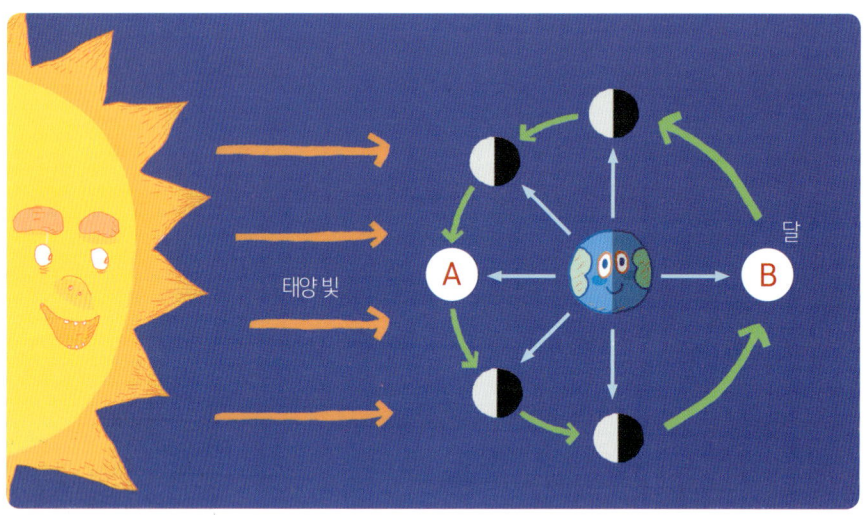

① A에 있는 달은 지구에서 다음과 같이 보인다.

② B에 있는 달은 지구에서 다음과 같이 보인다.

③ A에 있는 달은 음력 15일마다 볼 수 있다.

④ B에 있는 달을 보름달이라고 한다.

2 다음 중 태양력에 대한 설명으로 틀린 것을 모두 고르세요.

① 태양력은 달의 모양을 기준으로 하여 만든 달력이다.
② 태양력의 단점을 보완하기 위해 그레고리우스력을 사용한다.
③ 2월 29일이 있는 해를 윤년이라고 한다.
④ 윤년은 3년에 한 번씩 돌아온다.

3 다음 중 지구 중심설과 태양 중심설에 대한 설명으로 틀린 것을 고르세요.

① 고대 그리스의 학자들은 우주가 공 모양이라고 생각했다.

하늘 천   공 구

② 16세기 이전까지의 학자들은 지구가 우주의 중심이라고 생각했다.

③ 중세로 넘어오면서 지구의 중심은 태양이라는 게 밝혀졌다.

④ 뉴턴, 갈릴레오, 케플러 등 근대 과학자들의 연구 덕분에 지구 중심설이 힘을 얻었다.

3화 지구 밖이 궁금해!

1 다음 중 빛에 대한 설명으로 틀린 것을 고르세요.

① 사람이 어떤 물체를 보려면 빛이 있어야 한다.
② 사람의 눈으로 볼 수 있는 빛은 가시광선뿐이다.
③ 빛을 모으려면 볼록 렌즈나 오목 거울이 있어야 한다.
④ 우리 눈은 오목 렌즈의 역할을 하는 수정체가 있어 빛을 모아들인다.

2 다음 글을 읽고 빈칸에 알맞은 말을 보기에서 골라 써 보세요.

(㉠)은 지구 구석구석은 물론 우주에 대한 정보도 실시간으로 전해 주며 우리의 생활을 편리하게 해 줘요. 지금까지 발사된 (㉠)은 6,000개가 넘고, 그중 1,000개 정도를 사용하고 있어요. 하지만 문제는 수명을 다한 (㉠)과 조각들이 지구 둘레를 돌고 있는 것이지요. 이를 (㉡)라고 해요.
지금 지구 위에는 수백만 개의 크고 작은 (㉡)가 떠 있어요. 작은 것이라도 우주 망원경이나 우주 정거장과 부딪히면 엄청난 피해가 생길 수 있어요. 이를 막기 위해 나사는 테니스공보다 큰 모든 (㉡)의 움직임을 계속 추적하고 있답니다.

㉠ : _____   ㉡ : _____

3 다음 중 로켓에 대한 설명으로 맞는 것을 모두 고르세요.

① 공기층 밖으로 날아가려면 시속 1,000킬로미터의 속도로 쏘아 올려야 한다.
② 로켓은 풍선 속 바람이 빠지면서 날아가는 원리와 비슷하다.
③ 로켓은 가스가 빠져나가는 방향과 같은 방향으로 나아간다.
④ 우주에는 산소가 없으므로, 산소를 만들어 줄 물질을 연료와 함께 싣고 날아간다.

4 다음 글을 읽고 빈칸에 알맞은 말을 보기에서 골라 써 보세요.

> 우주 공간에서 움직이는 모든 비행 물체를 (㉠)이라고 해요. 인공위성, 탐사선, 우주 왕복선 등도 모두 (㉠)이지요. 이러한 것을 지구에서 우주 공간으로 쏘아 올리는 데 사용하는 로켓을 (㉡)라고 해요. (㉡)를 쏘아 올릴 공간과 장치들이 갖추어진 곳을 (㉢)라고 한답니다.

보기

우주 발사체   우주 기지   우주선

㉠: _____   ㉡: _____   ㉢: _____

4화 우주가 궁금해!

1 다음 천문학자와 설명을 바르게 짝지어 보세요.

 알 콰리즈미 ①　　　㉠ 이슬람의 천문학자로 별자리와 달의 변화, 행성의 위치 등을 기록한 천문표를 만들었다.

 홍대용 ②　　　㉡ 오빠 윌리엄 허셜과 함께 천문학을 연구하고 망원경을 만들었다.

 캐롤라인 허셜 ③　　　㉢ 개인 천문대 농수각을 지어 다양한 천문 기구를 설치했다.

2 다음 글을 읽고 빈칸에 알맞은 말을 보기에서 골라 써 보세요.

(㉠)은 우주의 범위가 알려진 것보다 훨씬 더 넓다는 것을 밝혀냈어요. 그는 여러 은하들이 이동하고 있으며, 멀리 있는 은하일수록 더 빠르게 멀어지고 있다는 (㉡)을 발표했어요. 이 법칙은 우주가 팽창하고 있다는 것을 뜻해요.

보기
알버트 아인슈타인　　에드윈 허블　　정상 우주론　　허블의 법칙

㉠ : _____　　㉡ : _____

126

3 다음 글을 읽고 누구에 대한 설명인지 보기에서 골라 써 보세요.

이 천문학자는 하버드 천문대에서 여성 컴퓨터로 일했어요. 천체 사진에 나타난 항성들의 밝기를 확인하고, 규칙적으로 변하는 별을 찾는 일을 했지요. 이 천문학자의 연구 결과는 허블의 법칙을 발견하는 데 큰 도움이 되었답니다.

보기

에드윈 허블   캐롤라인 허셜   헨리에타 리비트   알 바타니

_____

4 다음 중 거짓말을 하는 천문학자를 고르세요.

①  맨눈으로 행성을 관찰하던 시절에는 수성, 금성, 지구, 화성, 목성, 토성만 보였어. 그래서 행성이 6개인 줄 알았지.
1600년대 케플러

②  우리가 천왕성을 발견해서 행성이 총 7개인 줄 알았단다.
1781년 허셜 남매

③  내가 해왕성과 명왕성을 발견해서 행성이 총 9개라고 생각했어.
1930년 클라이드 톰보

④  명왕성은 행성이라고 하기엔 부족한 면이 많아서 행성에서 탈락시켰어.
2006년 마이클 브라운

5화 우주 속에 상상력을 펼쳐 봐!

1 다음 그림과 설명을 알맞게 짝지어 보세요.

 ①

 ②

 ③

㉠ 고구려 고분 벽화로, 오회분 5호 묘에 그려진 그림이다. 달신과 해신이 그려져 있다.

㉡ 아담 엘스하이머의 〈이집트로의 도피〉라는 그림으로 은하수와 달이 그려져 있다.

㉢ 조토 디본도네의 〈동방 박사의 경배〉라는 그림으로 혜성이 그려져 있다.

2 다음 글을 읽고 무엇에 관한 설명인지 고르세요.

땅의 남신 '게브' 위에 하늘의 여신 '누트'가 몸을 구부리고 있어요. 별은 누트의 몸에 박혀 있고, 낮에는 공기의 신 '슈'가 누트를 들어 올려 태양신 '라'가 지나다닐 수 있는 넓은 공간을 만들어 주지요.

① 수메르 신화   ② 이집트 신화   ③ 중국 신화   ④ 과학 신화

3 다음은 현대 과학 소설이나 영화 속에서 자주 등장하는 우주여행 방법이에요. 여러분이 작가라면 먼 우주를 어떤 방법으로 다녀오게 할 것인지 상상하여 적어 봐요. 서술형 문항 대비 ✓

빨리 가는 기술 개발하기

동면 상태로 비행하기

지름길로 가기

4 다음은 달의 표면 사진이에요. 옛날 사람들은 달 표면에 보이는 무늬를 보고 토끼, 두꺼비, 여인의 모습 등을 떠올렸어요. 여러분은 어떤 모습이 떠오르는지 상상해 보고, 달 위에 그려 봐요. 서술형 문항 대비 ✓

6화 외계인을 만나러 갈 거야!

1 다음 중 우주인에 대한 설명으로 옳은 것을 고르세요.

① 우주에서 온 외계인
② 우주에 대해 연구하는 사람
③ 우주선이나 로켓을 만드는 사람
④ 우주선을 타고 지구 공기층 바깥으로
　나간 경험이 있는 사람

2 다음 사진은 예비 우주인들의 훈련 장면이에요. 어떤 훈련인지 아래 보기에서 골라 써 봐요.

보기
우주 유영 훈련　　폐쇄 공간 적응 훈련　　탈출 훈련　　무중력 훈련

㉠ : _____　　㉡ : _____

3 다음 글을 읽고 어떤 학문에 대한 설명인지 골라 봐요.

> 이 학문의 학자들은 우리 태양계가 어떻게 생겨났고 변화해 왔는지를 연구해요. 무인 탐사선이 보내온 자료나 지구에 떨어진 운석 등을 바탕으로 연구한답니다.

① 행성 지질학
② 우주 생물학
③ 항공 우주 의학
④ 우주 비행학

4 우주 연구가 활발해지면서 최근 행성 지질학, 우주 생물학, 항공 우주 의학과 같은 새로운 학문이 많이 등장했어요. 여러분이 우주를 연구한다면 어떤 분야를 연구하고 싶은지 적고, 그 이유도 함께 써 봐요. 〔서술형 문항 대비 ✓〕

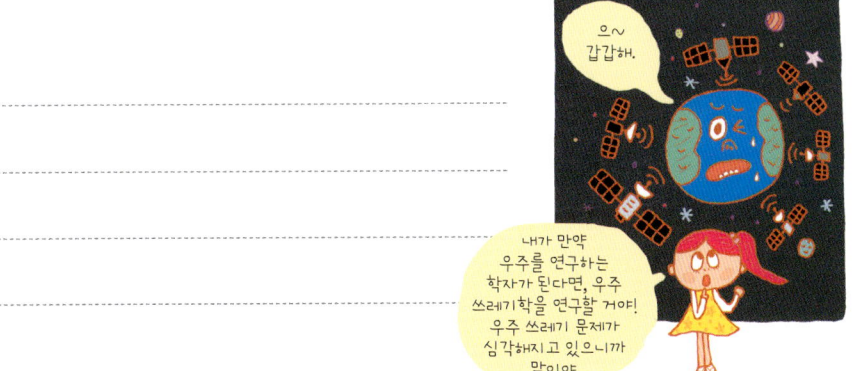

내가 만약 우주를 연구하는 학자가 된다면, 우주 쓰레기학을 연구할 거야! 우주 쓰레기 문제가 심각해지고 있으니까 말이야.

정답 및 해설

1화

1. ①-ⓒ ②-ⓔ ③-㉠ ④-ⓓ
→ 달은 지구 주변을 도는 위성이에요. 암석으로 된 천체로, 불규칙한 모양을 지닌 천체는 소행성이지요. 핵이 있고 가스 상태의 꼬리를 만들며 날아가는 천체는 혜성이에요. 태양은 가스를 태워 스스로 빛을 내는 항성이랍니다. (☞16~17쪽)

2. ③
→ 암석형 행성을 순서대로 나열하면 수성, 금성, 지구, 화성이에요. 목성, 토성, 천왕성, 해왕성은 가스형 행성이에요. (☞18쪽)

3. 유성
→ 혜성이 지나간 자리에 남은 찌꺼기를 유성체라고 하며, 이것이 지구로 떨어질 때 공기와 부딪혀 불타는 것을 유성이라고 해요. (☞21쪽)

2화

1. ③
→ A에 있는 달은 음력 1일에 나타나는 삭이에요. (☞37쪽)

2. ①, ④
→ 태양력은 해의 움직임을 기준으로 한 달력이에요. 윤년은 4년에 한 번씩 돌아와요. (☞38~39쪽)

3. ④
→ 근대 과학자들의 연구 덕분에 태양 중심설이 힘을 얻었고, 더 나아가 과학혁명을 불러왔어요. (☞44~45쪽)

3화

1. ④
→ 수정체는 볼록 렌즈의 역할을 해요. (☞56쪽)

2. ㉠ 인공위성 ⓒ 우주 쓰레기
→ 인공위성은 지구는 물론 우주에 대한 정보도 실시간으로 전해 주며 우리의 생활을 편리하게 해 줘요. 하지만 수명을 다한 인공위성과 조각들이 우주 쓰레기가 되어 큰 문제가 되고 있답니다. (☞62~63쪽)

3. ②, ④
→ 로켓을 공기층 밖으로 보내려면 시속 2만 8,000킬로미터의 속도로 쏘아 올려야 해요. 로켓은 가스가 빠져나가는 방향과 반대 방향으로 날아가요. (☞60~61쪽)

4. ㉠ 우주선 ⓒ 우주 발사체 ⓔ 우주 기지
→ 우주선은 우주 공간에서 움직이는 모든 비행 물체예요. 우주선을 우주 공간으로 쏘아 올리는 데 사용하는 로켓을 우주 발사체, 쏘아 올릴 공간과 장치들이 갖추어진 곳을 우주 기지라고 해요. (☞61쪽)

4화

1. ①-㉠ ②-㉢ ③-㉡
⋯ 알 콰리즈미는 이슬람의 천문학자예요. 홍대용은 농수각을 지어 천문학을 연구했지요. 캐롤라인 허셜은 윌리엄 허셜과 함께 천문학을 연구했답니다. (☞75, 77, 80쪽)
2. ㉠ 에드윈 허블 ㉡ 허블의 법칙
⋯ 허블은 우주의 범위가 알려진 것보다 훨씬 더 넓다는 것을 밝혀냈어요. 그리고 우주가 팽창하고 있다는 허블의 법칙을 발표했지요. (☞79쪽)
3. 헨리에타 리비트
⋯ 헨리에타 리비트는 하버드 천문대에서 여성 컴퓨터로 일하면서 항성의 밝기에 대해 연구했어요. (☞81쪽)
4. ③
⋯ 해왕성은 1800년대 중반에 존 애덤스를 비롯한 몇몇 학자들이 발견했어요. (☞84~85쪽)

5화

1. ①-㉠ ②-㉢ ③-㉡
⋯ 고구려 고분 벽화에는 달신과 해신, 삼족오와 같은 그림이 그려져 있어요. 〈동방 박사의 경배〉는 혜성을 과학적으로 그린 최초의 작품으로 유명해요. 〈이집트로의 도피〉는 밤하늘 천체의 모습을 있는 그대로 표현한 최초의 그림으로 유명해요. (☞94~95쪽)
2. ②
⋯ 땅의 남신 게브, 하늘의 여신 누트, 공기의 신 슈, 태양신 라가 나오는 신화는 이집트 신화예요. (☞92~93쪽)
3. 자유롭게 상상하여 적어 봐요.
4. 자유롭게 상상하여 그려 봐요.

6화

1. ④
⋯ 우주인은 지구 공기층 바깥으로 나간 경험이 있는 사람이에요. (☞110쪽)
2. ㉠ 무중력 훈련 ㉡ 우주 유영 훈련
⋯ 무중력 훈련은 비행기의 속도를 빠르게 변화시켜 다양한 중력 상태를 경험하는 훈련이에요. 우주 유영 훈련은 위치를 이동할 수 없는 특수 수영장에 우주복을 입고 들어가 우주 장비를 다루고 우주선을 정비하는 훈련이에요. (☞112~113쪽)
3. ①
⋯ 태양계가 어떻게 생겨났고 변화해 왔는지를 연구하는 학문은 행성 지질학이에요. 무인 탐사선이 보내온 자료나 지구에 떨어진 운석 등을 바탕으로 연구해요. (☞114~115쪽)
4. 자유롭게 상상하여 적어 봐요.

찾아보기

ㄱ
공전 20, 36
국제 우주 정거장 .... 118~119
금성 .... 18~19

ㄹ
로켓 .... 60~61

ㅁ
망원경 .... 56~59
명왕성 .... 84~85
목성 .... 18~19

ㅂ
별자리 .... 13, 35, 41~43

ㅅ
소행성 17, 20
소행성대 20
수성 .... 18~19

ㅇ
에드윈 허블 79
왜행성 16, 20
우리 은하 .... 26~27
우주 생물학 .... 114~115
우주인 .... 110~111
위성 17, 20
윌리엄 허셜 78
유성체 17
윤년 39
인공위성 .... 62~63

ㅈ
자전 36
지구 .... 18~19

ㅊ
천문학 34
천왕성 .... 18~19
천체 16

134

ㅋ

카이퍼 띠 ·· 20, 22~23
캐롤라인 허셜 ································ 80~81

ㅌ

태양 ··· 16, 18~19
태양계 ································· 18~19, 22~23
태양력 ·· 39
태음력 ·· 38
토성 ··· 18~19

ㅎ

항공 우주 의학 ································· 115
항성 ··· 16
해왕성 ·· 18~19
행성 ··· 16
행성 지질학 ······································ 114
헨리에타 리비트 ································· 81

혜성 ··· 17, 21
화성 ··· 18~19

135

사회가 쉬워지는 통합교과 정보서
참 잘했어요 ✓ 사회

초등학교 선생님이 추천한 책!

개념·역사·과학·안전·직업 등 다양한 관점으로 차를 바라봐요!

명진이는 교통수단 행사장에서 특별한 친구를 만나요.
자신이 조선 시대 아씨라고 주장하는 예진이에요.
당연히 거짓말일 줄 알았는데, 자동차나 비행기조차
모르는 걸 보면 예진의 말이 진짜 같기도 해요.
두 친구와 함께 교통수단에 대해 알아볼까요?

글 **이안** | 그림 **박재현** | 감수 **초등교사모임** | 값 **11,000원**

⓫ 내가 입는 옷 ⓬ 내가 먹는 음식 ⓭ 내가 사는 집 ⓮ 함께 사는 동물

재미있는 스토리	쉽고 자세한 설명	서술형 평가에 대비하는 워크북
		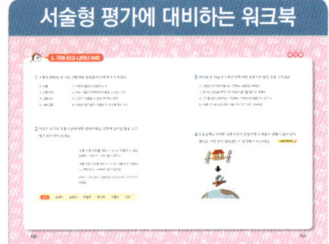

참 잘했어요 ✓ 사회 시리즈는 초등 교과 과정에 알맞게 개발한 통합교과 정보서입니다.

1~10권도 재미있고 유익해!

지학사아르볼